事業承継と経営管理

【編著】

安 達　巧

【著】

多田貴志子・横山 典玄・富田 智和

ふくろう出版

はしがき

　本書は、県立広島大学大学院経営管理研究科（ビジネススクール）の教壇に立つ2名（安達、富田）及び同大学院で学ぶ社会人学生2名（多田、横山）の計4名が、経営管理ないし事業承継について自身の関心に基づき著した論考等を編纂した小著です。

　筆者（安達）は、上記大学院で「組織マネジメントとコンプライアンス」や「事業承継マネジメント」などの授業を担当しています。

　弁護士の富田は、株主代表訴訟の専門家の1人であり、オリンパス事件をはじめとする複数の事案で株主側の勝訴を勝ち取っています。

　昨年（2023年）も、ビッグモーター保険金不正請求問題、ジャニーズ事務所の性加害問題、日本大学のアメフト部薬物事件及び組織統治問題など、杜撰な経営管理や当該組織で活動する人間たちの規範意識の低さに呆れる事件がいくつも発生しました。筆者（安達）が本書で取り上げた事案の調査報告書においてもコンプライアンスの重要性が強調されていますが、企業等の組織には構成員がネガティブな同調圧力に屈しない環境整備も求められます。

　多田と横山はともに親族内承継により先代から事業を引き継いだ中小企業経営者です。両者は現在、ともに経営トップの座にありますが、やがては営む事業を次代に承継する立場です。

　わが国では中小企業の事業承継が大きな社会問題の1つになっており、多田と横山は、この問題の当事者の1人として、各々の立場から事業承継について言及しています。

　読者諸兄におかれましては、ご関心がある部分のご高覧により何らかの示唆を得て頂ければ、著者一同これにまさる喜びはありません。

2024年2月

著者を代表して　　安達　巧

目 次

はしがき

日本 M&A センターにおける有印私文書偽造を伴う不正会計と経営管理

安達　巧

I　はじめに

　2022 年 2 月 14 日、1991 年創業の東証 1 部上場企業で M&A（合併・買収）仲介大手の株式会社日本 M&A センターホールディングスは、連結子会社の株式会社日本 M&A センターで売上の前倒し計上、具体的には成約前の仲介業務の契約書の写しを偽造するなどして売上高を一時的にかさ上げする不正会計が多数あったと発表した。

　過去 5 年間に約 80 人が計 83 件の不正に関与しており、外部弁護士らによる調査報告書によると、報酬が出ていない仲介案件が成約したかのように装って売上を計上していたという。顧客の署名や印鑑をコピペ（コピー＆ペースト）するなどして契約書の写しを偽造し、不正の多くは部長らが指示したり了解したりしていた。なお、不正認定された 83 件のうち 13 件は成約に至らず、報酬が入らなかったそうである。

　本稿では、大規模な有印私文書偽造を伴った当該不正会計事案を素材として、経営管理等について若干の考察を行う。

II　不正発覚の経緯等

　日本 M&A センターホールディングスは、2021 年 12 月 20 日付で「当社連結子会社の売上の期間帰属等に関する調査の知らせ」[1]と題する発表を行った。そのなかで、「日本 M＆A センターでは四半期ごとに、同社が仲介者として担当する業務の M＆A 成約等に伴い売上認識をしておりますが、同社の社内報告において一部不適切な報告が社内での確認の結果発見されました。当社では、本件事案の事実関係解明のために、本日から外部専門家の協力のもとに過去 5 年間の社内調査を実施することといたしました。」[2]と表明した。

　上記発表から約 2 ヶ月が経過した 2022 年 2 月 14 日、日本 M&A ホールディ

---

[1] 株式会社日本 M&A センターホールディングス（2021）。
[2] 株式会社日本 M&A センターホールディングス（2021）。

ングスは本事案に関する調査報告書を公表し、既述の通り売上の前倒し計上[3]すなわち不正会計の事実を認めた。

当該事案に関する調査は、概ね次のような経緯をたどっている。

2021 年 10 月 8 日
　取締役の 1 人が、他部署から前倒し計上を持ちかけられたが断ったことについて部下から報告を受け、調査開始。
2021 年 10 月 18 日
　上記の結果、社内報告用の契約書に偽造の疑いがあることが確認され、取締役管理本部長に報告される。
2021 年 10 月 19 日
　上記が社長に報告される。管理本部長単独での調査が開始される。
2021 年 11 月末頃
　取締役管理本部長が、少なくとも 17 件の不正を確認。
2021 年 12 月 6 日
　常務会にて、関係する部長 9 名と取締役営業本部長を処分することを決定。
2021 年 12 月？日
　監査等委員らが、独自の情報取得により本件不正の疑義を把握。
2021 年 12 月 8 日
　監査等委員が、監査法人に本件不正に関する通報があったことの報告受ける。
2021 年 12 月 10 日
　取締役会にて、監査等委員が外部弁護士等を交えた調査が必要である旨の意見を述べる。
2021 年 12 月 20 日
　取締役会にて、外部弁護士による予備調査開始が決定。
2022 年 1 月 12 日
　不正の会計的な影響についても調査の目的に加えることを決定。
2022 年 1 月 21 日
　監査法人から今回の不正に関する新たな通報があったとの報告を受ける。
2022 年 1 月 31 日
　取締役会にて、調査チームの活動を調査委員会とすることが決定される。

---

[3] 売上の前倒し計上は不正会計の典型的な類型である。

Ⅲ　事案の概要

　本節では、正確性を期すため、やや長いが、調査報告書の記載を引用して本件事実の概要を示す。

1．不正の概要

　「（3）楢木管理本部長の調査により発覚した不正は、営業担当者から管理本部に提出を必要とする売上報告とその根拠資料における虚偽報告であった。すなわち、これら不正はいずれも、対象会社が社内で営業担当者に M&A 受託業務に関する売上報告を行わせる管理システム上、売上となる業務報酬計上の根拠となる個々の受託 M&A 案件に関する売り手・買い手間の基本合意書又は最終契約締結の事実とその事実を管理本部が確認するために提出すべき同締結済み契約書の写しを、これら契約が実際には各四半期末日までに書面締結により成立した事実がないにもかかわらず、当事者間で契約締結済みであると報告し、案件担当者が別に入手していた当事者の契約書類（提携仲介契約書、秘密保持契約書、基本合意書、意向表明書）の写しなどその契約当事者の記名（又は署名）押印部分をコピー・切り貼りするなどの方法で冒用し、あたかも当事者間で各四半期末までの売上報告日までに真正に成立した契約であるという虚偽の報告を行ったとするものであった。」[4]

2．営業本部の業務体制と目標設定

　「対象会社（株式会社日本 M&A センター：筆者補）は、毎年 2 月から 3 月にかけて、次の事業年度の経営計画を策定し、その経営計画の基礎となる各営業部の営業目標は各営業部から提出された次の事業年度の営業目標数値を営業本部長が把握し、対象会社の営業本部における経営目標数値との整合性などを検討し、各部と営業目標数値を調整したうえで、次年度の年次の経営計画に反映されることになる。

　この各部の年次営業目標額は、各部の部長が、当該年度において各部を統括して達成すべき営業管理上の重要な数値として設定される。

　また、各部の年次営業目標額とは別に、各部の部長のみならず各部に所属する全営業社員に対し、当該営業社員が所属する部の各部長が査定した各営業社員の営業目標額が、各営業社員が達成すべき営業管理上の重要な数値として設定される。

　さらに、対象会社の各部の営業管理の指標としては、各部長が自ら設定しその

---

[4]　日本 M&A センターホールディングス（2022）9 頁。

達成を社長及び営業本部長その他経営陣に約束する「コミットメント」という営業目標額が存在し（当該年度の第1四半期、第2四半期、第3四半期、第4四半期毎に設定される）、各部長は、このコミットメントの達成状況の説明を、毎月、全役員同席のもとで営業本部長統括のもと開催される部長会議にて求められることになる。

　対象会社においては、四半期毎に、各部の年間営業目標額の進捗状況と部長の四半期毎に設定されるコミットメントについて、特に各四半期の最終月である6月、9月、12月、3月は各末日まで日々M&A案件の最終契約、基本合意の締結という事実を確認しながら、四半期末日までに積上げ集約する方法により達成状況を確認していた。なお、このような四半期毎に売上達成を確認する現場の実務は、三宅社長のもとで連綿と継続されていた手法である。」[5]

3．管理本部における管理業務

　「管理本部は、調査対象期間中、楢木管理本部長が業務管理を行っているが、後記6の顧客管理システムを利用して、営業部の各案件担当者から担当するM&A案件の売上報告を受け、報告された売上が対象会社の売上計上基準の充足要件を満たしているかを各営業部へのヒヤリングや証憑書類の閲覧により確認するとともに、その売上入金に至るまでの売上管理業務を行っており、四半期毎の監査法人の監査にも対応している。管理本部は、個別の M&A案件の業務上のプロセスと営業部の業務対応が適正なものであるかを直接管理することはしておらず、これら業務上のプロセスは営業本部が概ね自ら対応していた。」[6]

4．日本M&Aセンターの売上計上プロセス

　「対象会社の売上計上の起点は、案件担当者による『Salesforce』（以下『セールスフォース』という）への起案である（以下では、対象会社の主要な売上である成功報酬の売上計上のプロセスを記載している）。案件担当者は、成約した案件（成約が見込まれる案件）について、『セールスフォース』上で「成功報酬額計算明細書」（請求金額を算定するための帳票）及び『成約案件日程管理表』（契約締結日や入金予定日、ディールブレイカーの解消状況等を入力する帳票）を作成して直属の部長の承認を受ける。また、合わせて販売管理システム（以下『働くDB』という）で請求書発行依頼を行い、管理本部へ回覧する。また、成約した案件に係る最終契約書 の写しを社内のルールとして定められた期間内（期間は適宜見直しが行われており、以前は監査法人による監査が入る前までにアッ

---

[5] 日本M&Aセンターホールディングス（2022）21-22頁。
[6] 日本M&Aセンターホールディングス（2022）23頁。

プロードする運用となっていたが、 直近では各四半期末日の翌営業日までに行うルールとなっている）に、『セールフォース』上にアップロードする。」[7]

Ⅳ 調査報告書における発生原因分析

調査報告書は、以下のように述べて、本事案の発生原因分析を試みている。「前記第 4 の 1 （2）記載のとおり、不適切報告は、2019 年 3 月期は合計 4 件（対象 M&A 取引合計 2 件）、2020 年 3 月期は合計 12 件（対象 M&A 取引合計 7 件）、2021 年 3 月期は合計 61 件（対象 M&A 取引合計 35 件）、2022 年進行期は半期で合計 71 件（対象 M&A 取引合計 39 件）と発生頻度が増加しており、特に 2021 年度は 2020 年度に比しても発生頻度の増加率が大きい。

また、発生部署は、前記第 4 の 1 （5）記載のとおり幅広く、本件不正を実行した、或いはそれを指示、黙認、協議した部長・営業担当者は約 80 名に及ぶ。

このように不適切報告が部をまたいで発生し、かつ拡散している状況に鑑みると、不適切報告が生じた要因は、単なる個人、或いは一つの部の倫理観や風土に帰するものと考えることはできず、むしろ行為者間に共通する心理的要因と不正を可能とする共通の機会・環境に起因したと考えられる。

かような根源的な発生原因を分析することが、本件の解明を進めるために必要であり、有用な再発防止策の検討をするにあたり重要であるため、以下で詳述する。」[8]

1．営業部の目標設定と業績管理方法

「イ 業績管理の方法
（ア）年間売上達成目標の設定

対象会社（株式会社日本 M&A センター：筆者補）では、各事業年度末には、次年度の売上達成目標が定められていた。売上達成目標は、各部長が部下の営業担当者の実績や能力、案件の状況等を踏まえた上で次年度の見込み額を検討し案を作成していた。そして、各部長は、当該案を営業本部長に報告し、営業本部長と各部長間で調整する方法により最終的な年間売上達成目標が定められていた。

年間売上達成目標は、部単位のものと、営業担当者単位のものが定められていた。決定された部単位・営業担当者単位の年間売上達成目標は、全営業担当者に

---

[7] 日本 M&A センターホールディングス（2022）23 頁。
[8] 日本 M&A センターホールディングス（2022）44 頁。

共有されていた。

（イ）『ラップ』制度

前記（ア）のとおり定められた年間売上達成目標に基づき、各四半期の達成目標（『ラップ目標』）は、年間売上達成目標の 34%、67%、100%、120%とされ、第3四半期までに年間売上達成目標を達成することが一つの理想的な進捗とされていた。

ただし、ラップ目標を実際に達成した部は必ずしも多いわけではなく（例えば2021 年 3 月期に年間達成目標の 120%を達成した部は、5 つの部のみである）、ラップ目標は下限というよりは理想的な進捗の水準とされていた。

各四半期において、ラップ目標の達成状況は、営業本部長が運営する部長会議においても共有されていた。

（ウ）『コミットメント』制度

対象会社では、前記（イ）のラップ制度とは別に、『コミットメント』と呼ばれる制度も設けられている。

各営業担当者は自らの担当案件の進捗状況を踏まえて、四半期毎に達成できると自ら考える売上額、すなわちコミットメント額を提出する。

各部長は、部内の営業担当者のコミットメント額を合計し、当該合計額を部としてのコミットメント額として定めていた。

各コミットメント額は、個別の進捗を踏まえて自ら申告するものであるため、ラップ制度の想定進捗（34%、67%、100%、120%）を上回ることもあれば、下回ることもある。

各四半期において、コミットメントの達成状況は、営業本部長が運営する部長会議においても共有されていた。」[9]

２．不適切報告を行う機会及び環境の存在－複数の要因による規範

意識の低下－

「本件不適切報告は、不正な書面の作出を伴うものであり、通常の規範意識を有していれば、行わないものである。それにもかかわらず、行為に及んだことは、規範意識が低下していたと考えることを否定することはできない。この規範意識の低下については、複数の要因が存すると考えられる。

第1に、架空報告ではないという意識である。本件は、いずれも進行中の案件を対象とするもので、かつ、行為者の回答等によれば、間違いなく行ける案件について、時期を早めて報告をしてしまったというものである。そして、実際、前

---

[9] 日本M&Aセンターホールディングス（2022）45-46 頁。

記第4の1（4）ウに記載のとおり、不正報告された 83 件のうち、最終契約または基本合意に至らなかった案件（会計処理的にいずれも取消処理がなされた案件）は 13 件のみであり、大半が最終契約または基本合意に至っている。このような架空報告ではないとの意識が規範意識を低下させたと考えられる。

　第2に、不正の報告が社内報告に限られるとの意識である。行為者は、本件不正について、不正報告の意識を有し、そのことの不適切さの意識を有しているが、他方で、いわゆる粉飾決算に至るような不正会計報告に加担した意識が存しない。これは、行為者の不正報告と売上の財務計上は別問題であり、また、最終的に売上として計上するかは、楢木管理本部長の判断によるとの意識を有したものと解される。そして、個々の担当者だけでなく、部長までもがそのような意識を有していたようである。もちろんその意識は正しいものではないが、財務会計に関する知識の欠落と、売上計上が楢木管理本部長の個別判断に依っていたという運用形態がこのような意識を助長していたと考えられる。

　第3に、自分だけではないという意識である。即ち、各行為者は、本件不正の方法について、他者から聞いたと述べるもので、この不正が自己のみではないという弁解を作出している。加えて、1 つの案件で複数の関与者が存することで、自己の役割を低減させるとともに、他者との共同行為によるとの意識が生じその規範意識を低下させたと言える。

　これら複数の要因により、行為者の規範意識が低下していたと考えられる」[10]

V　考察

1．営業部の目標設定と業績管理方法について

　上述の調査報告書の内容からは、各営業部から提出された営業目標数値を営業本部長が把握し、経営側と調整したうえで目標値をしていることが伺える。また、「コミットメント」という四半期ごとに確認されるボトムラインを部門長に対して設定しており、この目標達成へのプレッシャーが資料の偽造、すなわち有印私文書偽造をしてまで売上の前倒し計上を行う要因になったと考えられる。

　ボトムアップで吸い上げた年間売上目標数値をトップダウンで決定する手法は日本M&Aセンターに限らず広く他社でも採用されていると思われる。だが、日本 M&A センターでは決定された部単位・営業担当者単位の年間売上達成目標（営業目標）が全営業担当者に共有されていることから、営業担当者としては相当のプレッシャーを感じていたに違いない。

---

[10] 株式会社日本 M&A センターホールディングス（2022）55-56 頁。

また、必達目標ともいえる「コミットメント」制度に加え、「ラップ」制度の存在も明らかになっている。目標自体の存在は、営利会社の営業としては当然かもしれないが、「コミットメント」及び「ラップ」という２つのプレッシャーは、正常な判断を阻害する心理的要因となり、事実ならびに現実に基づく営業業績の進捗管理や正常な判断ができなくなってしまっていた可能性が高い。

　なお、調査報告書では、厳格な業績管理が部長や営業担当者に及ぼした心理的要因についても言及されている。部長クラスに対するアンケート結果も公表している点で非常に興味深い。このような調査報告書は珍しいため、長くはなるが、アンケート結果を以下に記す。

不正に関与した各部部長（14名）に対する不正の発生要因（心理的要因）に関する質問【1】への回答[11]

（◎：相当大きい、○：大きい、△大きくはないが要因ではある、×：該当しない）

①当部で不適切報告が発生した事業年度における部として営業目標数値のハードルが高すぎた

　　◎1、○4、△6、×3

②上記営業目標の設定にあたり、自分の部長としての自主的な認識を超える数値が会社により設定された

　　◎2、○1、△6、×5

③当部で不適切報告が発生した事業年度の四半期毎に設定したコミットメントの数字は、部としての実績・実力に見合っていなかった

　　◎4、○3、△3、×4

④当部で不適切報告が発生した事業年度において部長として、各担当社員レベルの営業目標数値の設定が各自の実績・実力に見合っていなかった

　　◎1、○1、△6、×6

⑤毎月の売上進捗状況を確認する機会（部長会議など）における進捗状況の確認や未達の場合の取締役からの各種要請に関しては

　　イ　部長として、期待にぜひ応えたいと感じた

　　　　◎9、○4、△1、×0

　　ロ　部長として部としての営業目標数値が未達の場合の自らの評価・処遇にかかわると感じた

　　　　◎1、○2、△2、×8　なお、1名は評価×、処遇△

　　ハ　営業進捗状況の確認・要請が厳しいと感じた

　　　　◎0、○4、△3、×7

---

[11]　株式会社日本M&Aセンターホールディングス（2022）46-47頁。

不正に関与した各部部長（14名）に対する不正の発生要因（心理的要因）に関する質問【2】への回答[12]

　さらに 2019 年よりも 2020 年、2020 年から 2021 年における不適切報告の発生頻度が増加しているとされるが、自らの部に該当する事情として

（◎：大きく該当する、○：相当該当する、△：少し該当する、×：該当しない）

イ　2020 年、2021 年と順次設定された当部の営業目的数値の設定が当部の実績・実力を超えていた

　　◎2、○1、△6、×5

ロ　会社の全社的な取り組みである EXCEED30 周年の取り組みが部長、営業社員の心理に影響を与えた

　　◎1、○0、△6、×7

ハ　新型コロナウィルスの影響で、顧客の M&A 案件の受託件数又は進捗状況にマイナスに響いた

　　◎1、○6、△2、×5

ニ　新型コロナウィルスの影響で、顧客との面談等直接接触する機会が少なくなるなどの事情で M&A の進行のプロセスが業務上管理しにくくなった

　　◎3、○3、△5、×3

ホ　会社の経営層（取締役）が掲げる全社的な売上設定が会社の実績・実力を超えていた

　　◎2、○3、△5、×4

ヘ　新型コロナウィルスの影響に左右されずに、営業数値を達成すべしとする経営陣の方針が影響した

　　◎1、○2、△7、×4

ト　会社の経営陣（取締役）からの営業目標達成に関する各種要請が 2019 年に比べ 2020 年はより厳しくなった

　　◎1、○1、△5、×6、回答なし1名

チ　会社の経営陣の営業目標達成に関する各種要請が 2020 年に比べ 2021 年はより厳しくなった

　　◎1、○1、△3、×9

（※時間の経過につれ、不正が部内で広がり、抑制が効かなくなったという回答もあり）

　各部長の回答結果からは、会社が設定する営業目標数値を過大とは感じてい

---

[12] 株式会社日本 M&A センターホールディングス（2022）47-48 頁。

なかったようであり、顕著に不正が増加した 2021 年度でも同様である（質問【2】
への回答）。ただし、日本 M&A センター内で設けられていた「ラップ」制度及
び「コミットメント」制度のうち、「コミットメント」に関していえば、半数の
部長が過大な目標であったと考えていたようであり[13]、本事案の不正に最も大き
な影響を与えたのは「コミットメント」制度だったと部長たちは認識しているよ
うに思われる。

　しかし、部長らの回答結果は、営業担当者らへの類似質問に対する回答（下記
参照）とは大きな差異があり、意識の差が大きいことも判る。売上目標（営業目
標）へのプレッシャーに対する経営層と現場の意識の差は、それ自体が不正の要
因の 1 つになったといえるのではなかろうか。

　なお、この調査が不正関与者のうち僅か 14 名の部長に対してのみ実施された
点に鑑みると、部長らは、引き続き現職に留まる可能性が高い経営陣らから自身
の回答内容を特定されることへのリスクを考えて率直な意見を述べることを躊
躇しているかもしれない。

不正に関与した各部部長（14 名）のもとで不正に関わった営業担当者（73 名）に対する不正の発生要因（心理的要因）に関する質問【1】への回答[14]

（◎：相当影響した、○：影響した、△：少し影響した、×：影響しない）
① 会社の経営・業務が営業売上重視の傾向が強すぎた
　◎30、○22、△4、×14
② 個人に課せられた営業目標数値がもともと高すぎた
　◎22、○24、△5、×14
（これらの回答からは、会社の掲げる成長のスピードと営業担当者に課せられ
　た営業目標との乖離を示すところとなった）
③ 個人として高く評価されたかった
　◎5、○12、△12、×50
④ 個人として昇進したかった
　◎1、○5、△10、×21
⑤ 部長又は部の要請に期待したいと思った
　◎21、○20、△10、×18
⑥ 部長からの指示を受けたので対応した
　◎10、○14、△9、×29
⑦ 部長以外の所属部から持ち掛けられて対応した

---

[13] 質問【1】③の回答結果を参照のこと。
[14] 株式会社日本 M&A センターホールディングス（2022）48 頁。なお、無回答および複数回答
　があるため合計数は必ずしも 73 にならない。

　　◎6、○9、△7、×48
⑧　M&A 案件の相手方部署から要請されて断りきれなかった
　　◎12、○8、△4、×34

不正の発生に関与した各部部長（14 名）のもとで不正に関わった営業担当者（73 名）に対する不正の発生要因（心理的要因）として売上達成を通じて獲得できる以下の個人の経済的インセンティブが影響したかという質問【2】への回答[15]

（◎：相当影響した、○：影響した、△：少し影響した、×：影響しない）
　　〈早期達成インセンティブ〉◎4、○7、△5、×55
　　〈その他の特別研修参加の特典〉◎1、○4、△4、×62

　上述の部長らの回答に反して、不正に関与した営業担当者らは、会社が設定する部全体の営業目標及び個人単位の営業目標のいずれも過大であったと認識していたことが質問【1】①・②への回答結果から伺える

　また、質問【1】⑥への回答結果からは、不正関与者のうち有意な回答者の半数以上が不正について部長から指示を受けており、これに影響されたことを認めていることが明らかにされた（◎、○、△の合計数 33 名に対し、×が 29 名。ただし、×を選んだからといって部長からの指示を受けていないことにはならない点には注意が必要）。この事実は、本事案の不正が組織ぐるみのものであったことを示唆しているし、質問【1】⑦・⑧への回答結果も、本事案の不正が組織ぐるみであったことを伺わせる。

　日本企業における不正事案は、その動機が個人の私的な利得にあることは稀であり、組織内の不健全な同調圧力や組織〔全体〕の「不適切」とも言える方針への盲従に求められる場合が大半である。本事案も同様の傾向にあると判断できるのではないだろうか。

　なお、上述の調査報告書の内容からは、売上の計上は社内システムで管理されており、それが正しいかどうかについて管理本部は関与していなかったことが伺える。管理本部が不正を発見する余地が狭められていたとするならば、管理体制の不備も本事案の背景にあると考えられる。

---

[15]　株式会社日本 M&A センターホールディングス（2022）49 頁。なお、無回答および複数回答があるため合計数は必ずしも 73 にならない。

２．規範意識の低下について

　規範意識の低下についての調査結果は、筆者には衝撃的であった。

　組織風土が社会の常識と乖離している場合、「自分だけではない」との思考[16]を有する者たちが複数出てくることは理解できなくもないが、不正行為実行者たちが「間違いなく行ける案件について時期を早めてしまった」だけであり、「不正の報告が社内報告に限られる」と考えていたことや、「不正報告の意識を有し」てはいるが「不正会計報告に加担した意識が存しない」との認識には呆れるしかなかった。

　日本 M&A センターは、M&A 仲介を業とする会社であり、M&A を進めるに際しては、買い手側に対して買収監査等を説明し、専門家によるデューディリエンスを勧めて慎重かつ正確な評価の実施を助言するはずである。例えば、売り手がバリュエーションをよくするために売上を「早めただけ」と言って前倒し計上することを日本 M&A センターは容認しないに違いない。

　筆者は以前、日本ベンチャー学会が主催したセミナーで別の大手 M&A 仲介会社のトップの講演を拝聴したが、同社には銀行や証券会社等の金融機関からも広く優秀な営業社員が中途入社されているという。銀行や証券会社の従業員はコンプライアンス意識が強い（高い）と思っていたし、非公開株を扱う日本 M&A センターの業務を考えると、同社の従業員が「知らなかった」というのは無理があろう。転職後の職場環境によって倫理観、規律意識等を容易に喪失してしまうのだとすれば、「不正を許さない経営陣の確固とした姿勢とこれを支える多くの社員のコンプライアンス意識の向上とビジネス・パーソンとしての倫理観の醸成が非常に重要であり、このような風土・文化を醸成することが最重要」[17]となる。

　「経営陣に盲従し、忖度（そんたく）する歪（いびつ）な企業風土」と指摘された中古車販売大手の株式会社ビッグモーターでは、毎年すべての従業員に配られている「経営計画書」に「経営方針の執行責任を持つ幹部には部下の生殺与奪権を与える」とまで書かれており、無理な目標であっても上には物を言えない歪な関係性が見られた[18]。近畿日本ツーリストや名鉄観光サービスなどの複数の旅行会社もコロナ禍の各種助成金の不正請求に手を染めた。良識あるはずの大人が、「不正」と理解している行為を実行してしまうのである。不正行為の実行者は、大多数の考えや行動に合わせるように誘導する雰囲気や「空気」、すなわち同調圧力に飲み込まれてしまったのであろう。同調圧力はいわゆる「暗黙の了

---

[16]　「赤信号、みんなで渡れば怖くない」と同じ思考である。
[17]　株式会社日本 M&A センターホールディングス（2022）58 頁。
[18]　株式会社ビックモーター特別調査委員会（2023）。

解」であり、就業規則として規定されているわけではなく、組織構成員が議論をして明文化されたものでもない。したがって、同調圧力に屈して正論〔主張者〕を排除しても、規定違反ではないから誰も責任を取らなくてよいと考えがちであり、同調圧力は「おかしい」と思う従業員を黙らせるようになる。

そうであるからこそ、筆者は日本 M&A センター不正事案における調査報告書が「再発防止策」として明記する「経営トップ（社長）がコンプライアンス経営に関する経営方針の明確なコミットメント（意向表明）が不可欠である」[19] 及び「社員が心理的負担なく、経営陣に対し率直に意見を交換できる文化を醸成すること」[20] に強く同意する。

3．監査を含むコーポレート・ガバナンス不全について

調査報告書は「樽木管理本部長は、2021 年 10 月 18 日、三宅社長は翌 10 月 19 日、対象会社の渡部取締役の報告により知ることとなった」[21] と記載しているから、遅くとも 2021 年 10 月 18 日には、何らかの不正が存在し、不正会計に繋がる可能性があることは社内で明確になっていたのではないかと思われる。

しかし、「監査等委員らは、2021 年 12 月頃、独自の情報取得により対象会社（株式会社日本 M&A センター：筆者補）における本件不正の疑義を認識し、同月 10 日の貴社（株式会社日本 M&A センターホールディングス：筆者補）の貴社取締役会において、本件不正の疑義とその調査の必要性、そして、調査においては少なくとも外部弁護士を交えての調査が必要であることを発言している。その意味で、貴社監査等委員会の監査は、一定の実効性を有しているが、なお、それまでの間においては、その端緒が発見できていない」[22] として「内部監査及び監査等委員会の監査について十分な実効性を有していたとの評価をすることはできない」[23] と厳しく指摘されている。また、調査報告書は、取締役会についても、「取締役会の監督機能が十分に機能していたとの評価をすることはできない」[24] と断じている。

日本 M&A センター及び親会社の日本 M&A センターホールディングスは、12 月 8 日に監査法人から本件不正報告に関する通報があったとの報告を受ける前に自ら監査法人に情報提供することはもちろん、社外取締役や監査等委員会にも通知して調査を開始すべきであったと思考する。しかし、同社は、取締役管理本部長による内々の単独調査を先行させている。この点について調査報告書

---

[19] 株式会社日本 M&A センターホールディングス（2022）58 頁。
[20] 株式会社日本 M&A センターホールディングス（2022）59 頁。
[21] 株式会社日本 M&A センターホールディングス（2022）8 頁。
[22] 株式会社日本 M&A センターホールディングス（2022）56-57 頁。
[23] 株式会社日本 M&A センターホールディングス（2022）57 頁。
[24] 株式会社日本 M&A センターホールディングス（2022）57 頁。

は、「三宅社長、樽木管理本部長、竹内営業本部長の3人は、本件に関し協議し、事実関係の確認のためには案件担当者への聴き取り調査が必要であり、案件担当者の名誉を尊重し、かつ、社内で風評が発生しないように留意しつつ実施しなければならない」[25]との配慮がその判断根拠であったと記述している。

　加えて、社外取締役にも監査等委員会にも本件を伝達しないまま、一部の経営幹部のみを処分した経緯からは、経営陣は、この処分をもって事態をうやむやにするばかりか、隠蔽を図ったのではないかとの疑念すら生じる。監査等委員や監査法人が、取締役会からの報告ではなく、独自の情報源や通報（おそらく内部告発と思われる）により不正の情報を把握した経緯も異常であり、同社のコーポレート・ガバナンスは機能不全に陥っていたと思われる。

　なお、調査報告書では、会社法や金融商品取引法が定める監査機関ではない内部監査部門について、「再発防止策」の1つとして言及している。

　「9　監査・監督部門の体制強化

　貴社には、内部監査室が設置され内部監査が行われていたが、内部監査により本件不正の端緒は発見されなかった。

　現在貴社の内部監査室は、担当者2名により行われているが、2名はいずれもコーポレートアドバイザーを兼任しており、専属の執務場所もなく補助者も存しない。この体制においては不正予防に関する実効性のある監査は難しいと言える。そのため、内部監査室には少なくとも1名の専属の担当者を配置すること、そして、内部監査室について専属の執務場所と補助者の設置により、その監査体制を整備することで、不正予防に関する監査を可能とする体制の強化が必要と考える。そして、監査等委員会との連携について、定期的な報告の機会に加え、適時報告の機会を設けることにより緊密な連携を図り、監査部門の体制を強化する必要がある。さらに、内部監査室の監査内容について、取締役会への定期的な報告等による綿密な共有も必要である。」[26]

　内部監査の確認項目や対象範囲は会社によって異なるとはいえ、社内に不正やリスクが存在しないかを調査し、早期発見により不正等を防止して会社が信用を失いかねないリスクを低減することが内部監査の主目的の1つであることに異論の余地はない。内部監査部門は会社「内部」にあり、監査等委員や監査法人などの「外部」者に比べると会社内の情報は得やすいと思われる。内部統制がきちんと機能しているかどうかをチェックするのが内部監査部門の役割である点や、本件不正が明らかにした人間の「心の弱さ」等に鑑みると、実効あるコーポレート・ガバナンス実現の観点からも内部監査は有力な「武器」となり得ることを経営者は改めて認識して欲しい。

[25] 株式会社日本M&Aセンターホールディングス（2022）8頁。
[26] 株式会社日本M&Aセンターホールディングス（2022）65頁。

Ⅵ 結びに代えて

　本稿で取り上げた事案の舞台は、日本 M&A センターという大手の M&A 仲介会社であった。本稿の読者はご存じだと思うが、M&A 仲介会社は、売り手側及び買い手側の双方から仲介手数料を取る「両手取引」を行っている。この現実に鑑みると、仲介会社は売り手側または買い手側のいずれか一方の利益最大化ではなく、取引（M&A）の成立自体を第一の目的としている可能性が高いことは容易に想定できる。また、M&A 仲介会社の担当者は、サラリーマンであるがゆえに「顧客満足度」より「会社の目標達成」に重点を置いているであろうことは想像に難くない。

　例えそうだとしても、親族内承継や従業員承継をできない中小企業にとって、M&A 仲介会社は事業承継を実現させるためには不可欠の存在となりつつある。M&A 仲介会社はわが国に多数存在しており、既上場ないし上場を目指している M&A 仲介会社の場合、営業目標の管理が厳しいため本事案で取り上げたような不正が生じる可能性は非上場の M&A 仲介会社より高いに違いない。

　M&A 仲介の分野に限らず、既上場または上場を目指している会社は、証券取引所が上場審査の実質審査において「企業のコーポレート・ガバナンス及び内部管理体制の有効性」をチェックする[27]理由を改めて再確認するとともに、会社法、金融商品取引法及びコーポレートガバナンス・コード[28]が求めるガバナンスを適切に機能させる責務があることを肝に銘じて欲しい。同時に、筆者は、全てのビジネス・パーソン等がネガティブな同調圧力の存在にすら気付かなくなるほど感覚が麻痺してしまわないことを強く願っている。

〔参考文献〕

株式会社東京証券取引所（2021）「コーポレートガバナンス・コード〜会社の持続的な成長と中長期的な企業価値の向上のために〜」

https://www.jpx.co.jp/news/1020/nlsgeu000005ln9r-att/nlsgeu000005lne9.pdf

株式会社日本 M&A ホールディングス（2021）「当社連結子会社の売上の期間帰属等に関する調査のお知らせ」

株式会社日本 M&A ホールディングス（2022）「調査報告書の受領及び公表に関するお知らせ」及び『調査報告書』

https://www.nihon-ma.co.jp/ir/pdf/220214_information1.pdf

---

[27] 日本取引所グループ（2023）。
[28] 株式会社東京証券取引所（2021）。

株式会社ビックモーター特別調査委員会（2023）『調査報告書』

　https://www.bigmotor.co.jp/pdf/research-report.pdf

日本取引所グループ（2023）「上場審査基準」

　https://www.jpx.co.jp/equities/listing/criteria/listing/index.html

事業承継と相続
～家業への思いを繋いでいく

県立広島大学経営管理研究科

ビジネスリーダーシップ専攻

多田　貴志子

Ⅰ．はじめに

　私は倉庫業を営む大正 11 年創業の中小企業の三代目である。実は私自身が事業承継を経験した時、非常に大変だったと感じた。やることが多くて大変だった訳ではない。何をしていいか、どう進めたらいいかわからなくて暗中模索だったからだ。他社の社長さんに教えを乞うたことも一度や二度ではない。同業他社にも親族内承継を目指して早くから後継者育成をしている会社がある。そういう会社は、しばらく先代が元気で現役で、何年か後継者候補（息子）と一緒に仕事をし段階的に先代が後継者へ業務を引き継いでいて、うまくいっているように見える。ただし、あくまで会社の外から見れば、であって、実際はうまく機能していないところもあるのかもしれない。一方、私

の場合は、父が 86 歳まで現役で会社代表者を務めたが 80 歳を過ぎてからは軽い認知症の症状が表れ、当時存命だった母や、私の助けが必要になるほどだったので引継ぎなど出来る状態ではなかった。経営方針や当時の顧客情報、従業員との人間関係の築き方等、本来、引継ぎ期間中に先代に確認したり自ら考察する時間が全くなく、"他の会社が羨ましい！我が身が情けない！"この気持ちに私は何年もさいなまれた。

　一方、2009 年以降、東証一部上場企業である株式会社大塚家具の事業承継問題の記事が取り上げられるようになった。一橋大学に学び大手銀行に勤めた経験を持つ容姿端麗の大塚久美子氏は、私にとって羨望の的となった。しかし、父の大塚勝久氏と久美子氏の間で事業承継がうまくいかなかったことは周知のとおりである。一連のニュースやネットの記事を読むうちに、私の中にごく単純に疑問が浮かんだ。

　"なぜうまくいかなかった？継いだのは数字に強い才女でしょ？"

　"家具だから女性のセンスを生かして発展させることは可能よね？お父さんも経営陣にいらっしゃるよね？何があった？"

　事業承継の過程で大塚家具や大塚家に何があったのか知りたい欲求が膨れ上がって、今回の対象事例に取り上げた。単なるゴシップ記事のまとめの様にしたくはなかったので、時系列で出来事を追うことに加えて、我が家の事情と他社の事業承継及び相続との比較検討を行った。さらに相続がなぜ「争族」になるのか心理学的な考察を加えた。

Ⅱ．我が家の事業承継について

1．千葉家の経歴

　江戸時代、広島藩における公設飛脚制度のうち、広島領内を逓送される公用文書及び公用荷物は幕府関係のものと藩用のものとに大別

しえて、九州の天領と大坂ないし江戸間の幕府の書状あるいは荷物の逓送を指す前者は元来、各領主の公役とされていた。広島藩では特に「天下送り」と称して、これを重要視する姿勢を示した。広島領内の西国街道での制度運用のために、尾道・三原・田万里村・本郷・四日市・上瀬野村・海田市・広島・廿日市・大野村・大竹村を継宿として設定し、特定の家ないし村にその責務を果たさせた[1]。藩用の公用文書類の逓送には大別して、宿送り・村送り、さらには広島藩府と江戸藩邸を結ぶいわゆる大名飛脚があった。これらのうち、宿送りは急を要する藩府文書類の継宿を経た逓送を意味し、先の天下送りとともに、各継宿において任じられた宿送り役がその差配を担当した。

(1) 江戸時代

　私の先祖である千葉家は、「千葉上総介平忠常」を先祖に持ち、下野国真壁～信濃国伊那谷を経て安芸国に来て毛利氏に属したと考えられる[2]。天正年間（1573～1592）に海田市に移ってきて「百姓」になった。その後、海田宿において年寄、組頭等を歴任し、千葉家が初めて宿送り役に就任したのは正保元（1644）年のこととされている。海田宿で千葉家住宅は、公用旅行者の休泊施設としての役割を果たして、諸大名家臣とその女中衆、長崎奉行家臣、一般の公儀役人、さ

（写真　千葉家住宅）

[1] 勝矢倫生　「広島藩における宿駅経営の負担構造―西国街道海田宿の場合―」
　　尾道短期大学研究紀要 37-1, p.63-155, 1988
[2] （安芸国安芸郡海田市千葉家文書目録　（『広島県立文書館　収蔵文書目録　第
　　3集　所収』, p.4035～41, 広島県立文書館, 2014.9)

らに郡廻りや代官等の広島藩上位家臣が利用したことが知られている。また、海田宿の伝馬調達、飛脚運営については、千葉家が寛政期の一時期を除いて代々その差配役を務め、幕府、藩府状箱は基本的に自らの手で、幕府荷物は周辺村々から夫方を動員してこれを逓送する方法がとられていた。加えて酒造業も営んでおり元禄時代以降明治元年まで酒造株を所蔵していた記録が残っている。しかしながら、前述の海田宿の宿駅運営の為に幕末は財政難に陥って酒造株を手放したと言われている。幕末の混乱や幕藩体制の終焉により、宿場町に根を下ろしていた千葉家の家業は転換期を迎える。

（2）明治期以降（第十一代当主　千葉利之助（1879～1969））

明治 32（1899）年、千葉利之助は材木業を海田市で開業し、明治 42（1909）年には現在の広島市舟入町に移転したが、45（1912）年には一旦廃業して海田市に引き上げた。大正 2（1913）年に再度、広島市元宇品で材木店を開業したが振るわず、11 年に転業して宇品倉庫株式会社を創業した。広島県立文書館に収蔵されている千葉家文書には、材木業再開後の大正年間の経営帳簿が残されている。

前出の宇品倉庫株式会社は昭和 5（1930）年に改組して合資会社千葉倉庫に改称した。さらに戦後の昭和 23（1948）年に株式会社に改組、59（1984）年に株式会社千葉物流倉庫と改名して現在に至っている[3]。

以上見てきたように、千葉家は天正年間に帰農して海田市に定住して以来、長く天下送り・宿送りの役を担っていた。200 年以上同じ役務に就いていた間には複数回の飢饉や財政難、時代の流れによって生活が苦しくなってきた武家との取引等多くの困難に見舞われたことだろう。生活が豊かになった現代では飢饉に見舞われることはなくなったが、そうであっても幾多のピンチが襲い、そのピンチを必死に乗り越えてきた先人の軌跡がわかる。これは我が家に限らずど

---

[3]「広島県立文書館収蔵文書目録安芸国安芸郡海田市千葉家文書目録」(198812) p.902～6

この地域、どこの家の先祖も同様のことだろう。

２．我が社の事業承継について

　株式会社千葉物流倉庫２代目社長である私の父、千葉諭吉から私への直接的な事業承継については、前述の通り、し損じた。当時、廃業も考えたが従業員からの強い要望もあり平成 16（2004）年、全社員出席のもと全社会議が開かれ、会社の存続を決定した。結果、業界内で名が知れていた社長は交代せずに長年勤めて社長の右腕だった専務取締役と経理部長が高齢により退職した。代わって結婚以来ずっと専業主婦だった母が専務取締役に、私は取締役経理部長に就任した。高齢の先代社長からの顧客についてや社員のまとめ方について等の業務の引継ぎや、経営理念や“経営者とは何ぞや？”等の会社への先代の思いを聞くことは不可能で、加えて母が闘病を継続していたので私は母の補佐で精一杯だった。

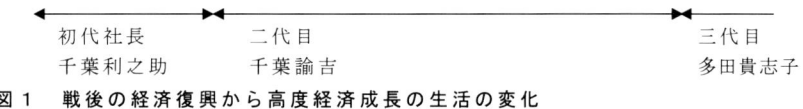

図１　戦後の経済復興から高度経済成長の生活の変化
（楽しくわかりやすい!?歴史ブログ（rekisi-daisuki.com）/筆者加筆）

平成 18（2006）年 12 月に母が亡くなり先代社長は引退し、私が
3 代目社長に就任した。会社の経営陣には先代の時に実質的な実力
者だった女性が新たに経営陣として加わり、代表取締役 1 名、各営業
所長 1 名の 3 名体制となった（うち女性 2 名）。加えて小規模な営業
所の実質的リーダーだった女性を管理職に任命した。当時昇格した
女性管理職 2 人は、それぞれが個々の能力を発揮して顧客対応をし
ていた。営業所長は社交的で人づきあいが上手く、取引先の役職者と
もどんどん、というか勝手に親交を深めていった。ただ、数字には弱
く売上報告書等の作成は苦手でミスが多かった。また営業課長は仕
事は何事も慎重に几帳面にこなし、取引先から絶大な信頼を得てい
た。広島市内に営業所機能を持たない顧客に代わって配車や在庫の
管理などを行っていて、他県から夜通しトラックで輸送して翌朝広
島市内で納品がある貨物は輸送中に荷崩れや破損、事故等何が起こ
るかわからないので、自らが緊急連絡先となって業務用携帯電話を
昼も夜も肌身離さず持っていた。要するにそれぞれが個人の才覚を
発揮して、他の人が真似ができないような業務のやり方を執ってい
たのである。
　女性が役職に就くこと自体、客観的に見れば先進的である。これは、
実は二代目の考え方を反映していると思われる。二代目である私の
父は、第二次世界大戦時、学徒出陣を経験している。この経験がもと
で、"日本が負けてしまった国で暮らしてみたい"と一念発起し、昭和
25 年頃、貨物船で太平洋を渡ってアメリカのニューヨークへ行き、
Inter National House の援助を受けてコロンビア大学で英語を学ん
だ。数年間滞在する間に、アメリカでの女性の社会進出を目の当たり
にして、何か思うところがあって、女性にも重要な業務をまかせてい
たのかもしれない。
　運輸業を営む会社の割には、女性の役職者が多いと思われるが、し
かし、どのように優れた人材であっても、年を取り、定年を迎える。
個々の才覚に頼った経営は、引継の時に最も困難を伴う。彼女たち
も、"長年掛けて培ってきた仕事のノウハウをそう簡単に引き継ぐな

んて出来るわけないだろう”という気持ちがおそらくあったのかもしれない。引継ぎは難航を極めた。まず、彼女たちの業務を観察して言語化していく。ある程度言語化できたところで、引継書を作成するために対面で話し合い、引継書を作成する。古参で勤続期間の長い従業員の場合、引継書の作成に抵抗感を持つ者は少なくない。私の場合も引継ぎ書作成期間中に少なからず、関係が悪くなる経験があった。

　会社の組織も変更した（図2）。創業者と二代目の時は、取締役や経理部長（女性）が社長個人の財産管理やスケジュール管理をしていた。会社の取締役というよりは執事のようだった、と子供だった私は記憶している。それもあって、私は個人に属することと会社の業務とは出来るだけ明確に分けた。本社に所属する取締役を私のみにした。他の取締役は営業所長も兼務なので本社に常駐しないようにした。我が会社の事業には、経営者としての私の個人資産である倉庫と土地を貸し出している。ゆえに会社の資産と個人資産を一緒に活用していると言える。倉庫業を営む場合、①土地建物を会社資産として取

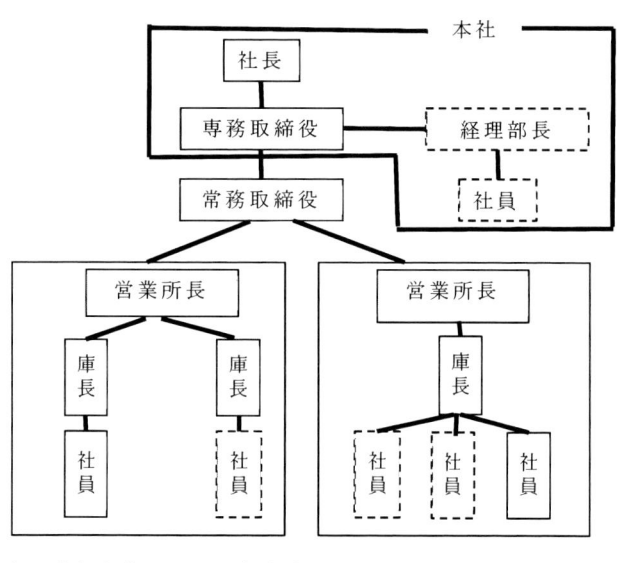

図2　新旧会社組織図　1）創業時～二代目（～平成18（2006）年）

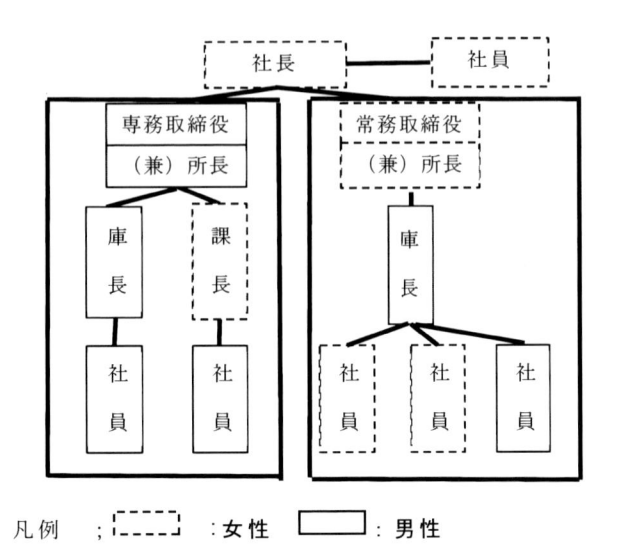

凡例 ；┌─────┐
　　　└─────┘ ：**女性**　┌─────┐
　　　　　　　　　　└─────┘ ：**男性**

図2　新旧会社組織図　2）三代目（〜平成 26（2014）年）

得し活用する②他者が建てた倉庫を間借りする形で営む③他者の土
地に自社で建物を建てて営む　の３つの方法がある。どれもメリッ
ト・デメリットは存在する。①の場合、会社の資産なので使い方は自
由だが、倉庫建設に億単位の費用が掛かりその後も固定資産税が掛
かり続けるので資金繰りの算段が必要である。②は建設費などの大
きな投資や固定資産税は不要だが、賃貸借契約期間の更新の有無や、
レイアウトを変えられないのでお預かりする荷物を選ばなければな
らない可能性がある。③は建物のレイアウトを自由に変えたり建物
に係る工事を自由に行ったりすることは出来るが、土地の賃貸借契
約の更新の有無があり、賃貸借契約が更新できない場合はまだ使用
可能なのに取り壊して現状を回復して返却せねばならない。倉庫の
建設は大きな投資だが取り壊しもまた大きな出費になるので、倉庫
業者は「(倉庫を)建てる、修理する、壊す」ときの為に経営を健全に
しておかなければならないのである。このことに気づいたのは二代
目の父が高齢を理由に老人保健施設へ入所し、私が三代目社長に就

任して孤軍奮闘し始めた頃であった。ここから私の、"家業"を繋いでいく日々が始まったのである。

Ⅲ. 理想の事業承継とは～事例研究

　ここからは事業承継の事例として、株式会社大塚家具と株式会社ニトリのケースを見てみたい。

　2社とも東証一部上場企業であり我が社とは会社の規模も業種も異なるが、事業承継の過程で親族の間での争いが報道されて、その内容が明らかになっているので事例として取り上げる。

1. 大塚家具株式会社

（1）沿革

　大塚家具の沿革は表1のとおりである。大塚家具は、大規模で豪華な店内、入店時に顧客ファイルを作成し、店員が顧客について回る密着型販売、ポイント制の導入に加えて、海外からの直接輸入による仕入れ原価の低減を図った。多様な高級家具を販売する一方で高級家具ゆえに広い展示スペースを必要とするので、各店舗での一定の売上と集客が必要であった。この販売方法では中核都市以外では難しいビジネスモデルであったと思われる。

　大塚家具は輸入販売業で海外などから商品を買い付け、幅広い高級家具を在庫するビジネスモデルなので、相対的に在庫が多くなる。ターゲットはネット検索などが面倒だと思う一定の年齢層の富裕層だ。創業当時は郊外の大型店舗に、メーカーから直接買い付けた家具を並べて安売りする戦略で成長したが、80年に株式を公開、92年から会員制度を導入。90年代後半から高級家具も数多く取り扱うようになり、「大塚家具＝高級家具が中心」というイメージが広まった。当時は、新設住宅着工戸数が増加していて、家具のまとめ買い需要とともに大塚家具は成長した。2000年代後半から、新設住宅着工数が減

少するにつれて、国産家具と輸入家具の市場が縮小し続け、住宅の新築に合わせた家具のまとめ買い需要は減少し、消費者は家具を費用な時に必要なだけ購入するようになった。地方ではなく都市部に住む住民が増え、狭い住宅やマンションが増えたので高級な大型家具の需要は減った。

表 1　株式会社大塚家具社史と大塚久美子氏の経歴

（https://the-shashi.com/tse/8186/ より筆者作成）

年	株式会社大塚家具社史 出来事	久美子氏年表 出来事	筆者年表 出来事
1969	株式会社大塚家具センター設立		
1977	推定売上高 20 億円を達成		
1991		富士銀行入行	
1993	全店舗を会員制店舗に転換		
1994		株式会社大塚家具入社	
1996		同社取締役就任	大東京火災株式会社入社　中四国業務部配属
1998	三越と業務提携を締結		
2000			同社退社/株式会社千葉物流倉庫入社/同社退社
2001	過去最高益を達成　国内シェア 1 位（販売高 1%）を占める		（非常勤講師として学習塾勤務〜2009）
2004			株式会社千葉物流倉庫再入社　取締役就任
2006			同社代表取締役就任

2008	社長大塚勝久氏　ききょう企画に社債 15 億円（5 年期限　年利 1.5%）と引き換えに自社株 130 万株譲渡		
2009	*社長を久美子氏へ交代勝久氏は会長へ*		
2010	3 期連続の最終赤字に転落		
2013	勝久氏、社債の償還を求めてききょう企画と久美子社長を東京地裁へ提訴		
2014	*ききょう企画の取締役会で長男と母を解任、久美子氏が社長就任／勝久氏、久美子社長を解任し自身が社長を兼務*		
2015	*勝久氏が社長退任、久美子氏が社長に就任*		
2016	最終赤字に転落		
2019	株志会社ヤマダ HD が株式の 51% を取得		
2021	株式会社ヤマダ HD が株式の 100% を取得　東証ジャスダックを上場廃止		
2022	株式会社ヤマダデンキに吸収合併される	下線：金銭に関する争い	斜体：地位に関する争い

表 2　大塚家具　大塚勝也氏と大塚久美子氏の経営戦略の違い

大塚勝久氏　経営戦略	大塚久美子氏　経営戦略
取扱いは高価格帯/値札以下の値引き無し	価格帯の幅を広げて顧客層を広げる
メーカー直接取引/返品無し	値下げやセールを実施
客 1 組に店員 1 名/会員制度	マンツーマン接客制度の廃止

　2008 年以降 3 期連続の最終赤字に転落して、2009 年に社長が勝久氏から久美子氏へ交代したが、その後の 2014 年、15 年の社長交代劇は周知のとおりである。勝久氏と久美子氏の経営方針の違いを表 2 に示す。

（2）大塚家具の事業承継について〜 "公衆の面前親子喧嘩" はなぜ 起こったのか〜

a.資産管理会社の役割

　大塚家具の事業承継を見る上で、切り離せないのが株式会社ききょう企画の存在だ。ききょう企画は大塚家具の資産管理会社である。1985年に大塚勝久の保有する株式の管理会社として設立された。資産管理会社とは、一般的な企業とは異なり資産家向けの会社として存在し、基本的には資産管理以外の事業活動を行わず、主な収入は不動産を賃貸することによる賃料収入、株式を所有することによる配当収入である。実は法律上、「資産管理会社」という名称の会社があるわけではない。法人の形態としては合同会社や株式会社とすることが多い。資産管理会社にオーナーの財産を移転していた場合には、オーナーが所有する財産は資産管理会社の株式のみで、非上場株式を評価する場合には所有する各資産の含み損（時価と簿価との差）に対する法人税相当額が控除されることとなっているので、まず節税対策になる。さらに資産管理会社を設立して子や孫などをその資産管理会社の役員とすることで資産管理会社から子や孫に対して役員報酬を支払うことが可能で、資産から得た収益を次世代などに分散させることができ、オーナーの資産の増加を鈍化させる効果が期待できる。仮に資産管理会社を活用せず、オーナーが単独で個々の財産を所有している場合には、それらの資産から得た収益はオーナーの所得として、ことが多く、所得税率も最高税率に近くなっているケースが少なくない。そのため、毎年の所得税や住民税が高額になっている場合も恐らく多い。加えて、財産を資産管理会社に集約しておけば、複数の経済活動（株取引、不動産取引　等）をひとくくりにして税務上の計算をする「損益通算」がなされる。これはオーナー個人の場合だと個々の経済活動につき税額が計算されるので、例えば株取引で損を出したとしても不動産取引での全額が減るわけではない[4]。

---

[4] 山本尚宏　「資産管理会社を活用した節税の仕組みと3大テクニック」不動産投資の教科書,2023.5.25

b．経営と資産の分離か、資産の平等な分散か

　ダイヤモンド・オンライン（2018 年 1 月 9 日付）によると、まず、勝久氏は「資本と経営の分離の体制を作ることが望ましい」と考えていた。だから、「長男が跡を取るだろう」ということで当初は株式会社大塚家具の株の半分を長男に持たせていたが、一方で資本と経営の分離の観点からは宜しくない、とも考えていた。実際、他の子供達からも異論が出てきたので、（大塚家具の 130 万）株を均等に分けることにした（図 3）。勝久氏は、子どもたちで株を均等に持つことが大塚家や大塚家具にとって最良の策だと思っていた[5]。

　しかし、これが結局、家族の内紛を呼ぶ。2014 年、株式会社ききょう企画の取締役会で、株を持つ長男と母が解任され、久美子氏が社長に就任した。これで久美子氏は株式会社大塚家具の株の約 10％を

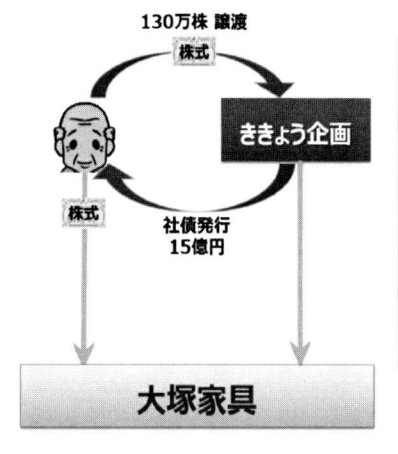

ききょう企画の株主構成	
大塚千代子（母）	10%
大塚久美子（長女）	18%
大塚勝之（長男）	18%
大塚雅之（二男）	18%
大塚舞子（二女）	18%
佐野智子（三女）	18%
（合計）	100%

役員構成
取締役：久美子氏、舞子氏、雅之氏
監査役：智子氏

図 3　株式譲渡と社債発行－大塚家具とききょう企画
出典：第 6 回 事例研究問題 | 事業承継コンサルティング株式会社
（jigyohikitsugi.com）

---

[5] 森村和男　『大塚家具親娘対決の根源～一族の資産管理会社「ききょう企画」にあり』（前）（後）NetIB-NEWS,2018.8.16/8.17

所有する資産管理会社の社長となった。これに対し勝久氏は、同年 7 月に久美子氏を社長から解任し取締役に降格させた。一方で 2015 年 1 月の取締役会で、2014 年 12 月期決算が 4 年ぶりに赤字になったことを受けて今度は勝久氏を社長から解任、久美子氏の社長復帰が決まり、勝久氏は 3 月の株主総会で退任が決まった。筆頭株主である勝久氏が 18％の自社株を保有する一方でききょう企画が 9.7％、久美子氏を支持する米ファンドが 10％の株式を保有し、あとはプロキシーファイト（委任状争奪合戦）が行われて、久美子氏を中心とする取締役構成にする会社提案が株主総会で 61％の賛成を獲得した。こうして、大塚家具の事業承継はマスコミが連日報ずるほどの"公衆の面前親娘喧嘩"となってしまった。勝久氏が思う事業承継は出来なかったようだ。2015 年 1 月に開かれた株主総会では、「同族企業の醜態を晒している」「あなた方は大塚一族を守りたいだけ」「2 つに分かれた社員をどう修復するのか、また会長とはどう修復するのか」等の声が一般株主から上がったという[6]。

c．株式会社ききょう企画の経営権を巡る争い

2008 年、勝久氏は自分が保有する大塚家具の株式 130 万株をききょう企画に譲渡する代わりにききょう企画の社債 15 億円分を引き受けた（償還は 2013 年 4 月）。2013 年の償還期限を過ぎても 15 億円の返済が無かった為、勝久氏側は社債の償還を求めた訴訟を東京地裁に起こし、2016 年 4 月 11 日、ききょう企画に 15 億円の支払いを命じた。判決によると「当初、社債の償還は念頭に置かれていなかったが、（社長交代等で）久美子氏らとの信頼関係が失われた状態では（社債の）」償還を求めることが信義則に反するとは言えない」と指摘した。一方、久美子氏側は「一連のスキームは相続対策の一環で、償還期限は自然に延長されるとの合意がなされていた」と主張したが判決は「書面による手続きではなく、法的な拘束力のある正式な合

---

[6] 冨岡耕「決着！大塚家具、前代未聞の株主総会の全容」東洋経済 ONLINE, 2015.3.28

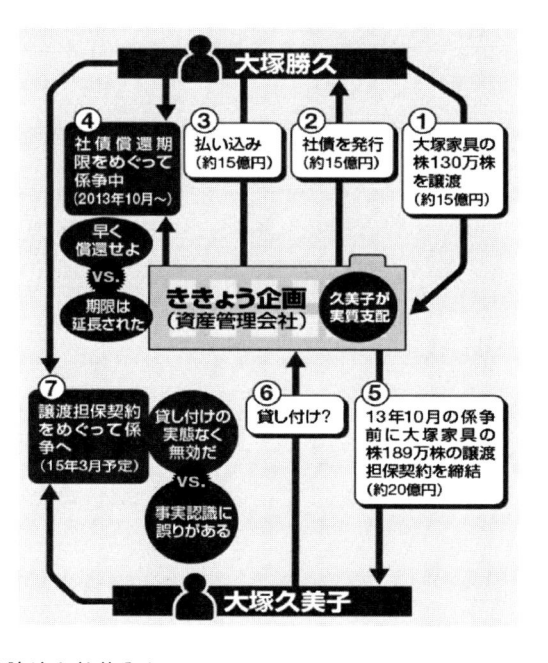

図 4　株式譲渡と社債発行

出典：第 6 回 事例研究問題 | 事業承継コンサルティング株式会社
（jigyohikitsugi.com）

意ではない」と判断した [7]。結果、久美子氏はこの判決を受入れ、ききょう企画が所有する大塚家具の株式 189 万株を担保に三井住友銀行、三菱 UFJ 銀行から借り入れて、金利を含めた 17 億円を勝久氏側に支払った。

---

[7]　日本経済新聞,2016.4.11

2．株式会社ニトリの相続問題

　次に、よく大塚家具と比較対象に取り上げられるニトリでも、事業承継について裁判で争われた事例があったので取り上げてみる。2社の同時期のキャッシュフローの変遷を以下に図示する（図5）。

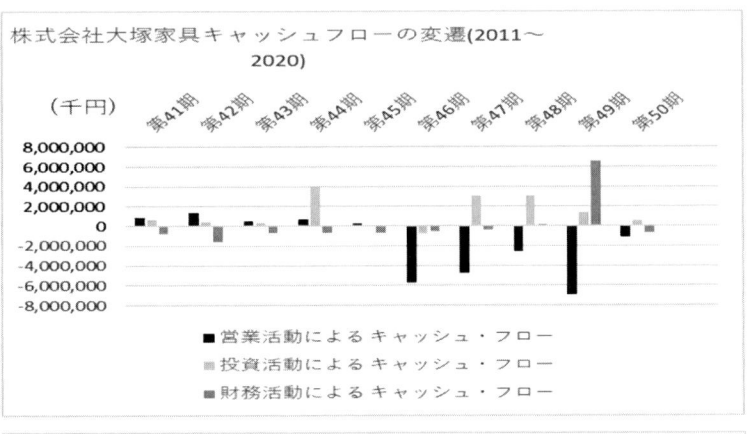

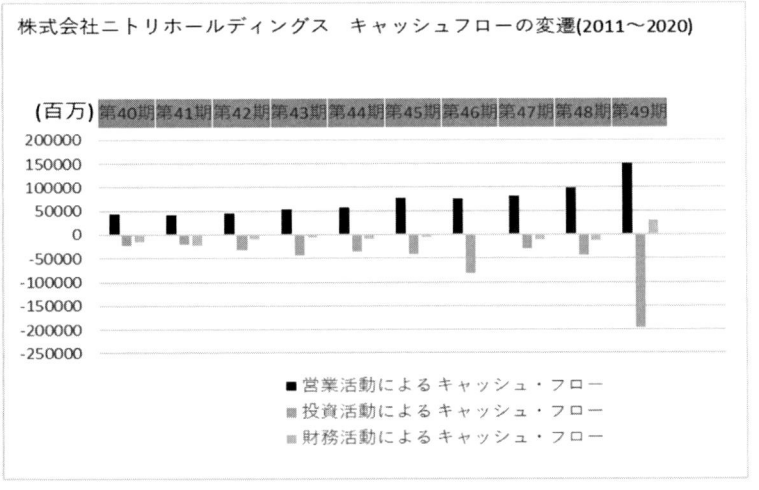

図5　株式会社大塚家具と株式会社ニトリの比較

（各年度決算資料より筆者作成）

（1）株式会社ニトリについて

　株式会社ニトリの前身は似鳥義雄氏が 1967 年に創業した「似鳥家具卸センター北支店」だった。母、昭雄氏、昭雄氏の妻が取締役となっていた。しかし前身は、弟や妹達も含めた似鳥家の個人商店の「似鳥家具店」だった。

　創業当時は倒産品を仕入れて安く売る業態だったが、その後は「海外商品の直輸入」「家具メーカーの実質子会社化」「海外自社工場の稼働」そして自社で製品企画をして販売促進活動も行う製造物流小売業（SPA）の形態で売り上げを伸ばしてきた。2000 年代後半になって、消費者のニーズが"家具は必要なときに必要なだけ購入すればよい""家具は（価格の手ごろな）ニトリやイケヤで十分"と考える方に代わってきたので、その機を逃さなかった。また、「トータルコーディネート」という考え方が登場した。ソファー、テーブル、本棚などまとめて部屋づくりを提案するスタイルだ。手ごろな価格で部屋づくりを提案し、都市部にすむ住民が増えたのでコンパクトな家具が支持された。

（2）自社株がバラバラにならないようにしたのに・・・

　争いの発端は義雄氏が亡くなった後 1989 年 7 月の相続にさかのぼる。

　義雄氏が亡くなった際に、昭雄氏がニトリ株 92,500 株と関連株 1,740 株をすべて相続。母親は不動産を、3 人妹弟は現金 1,000 万円ずつを 1990 年 1 月付の遺産分割協議書で相続した。

　それから 17 年も経った 2007 年、母、弟、妹の 3 人が「遺産分割協議書に押印された実印は勝手に使われたものであり、協議書は偽造されたものだから、株の分割は未了で、株式は共同保有のままである」と昭雄氏を訴えた（図 6）。

　2012 年 1 月 17 日一審の札幌地裁では、この 1990 年の遺産分割協議書は、他の妹弟の実印を預かっていた母親が、義雄氏との話し合いで株が分散しないようにとの配慮で合意して、妹弟の実印を押印したもので有効であると、昭雄氏側の全面勝訴の判決が出た。

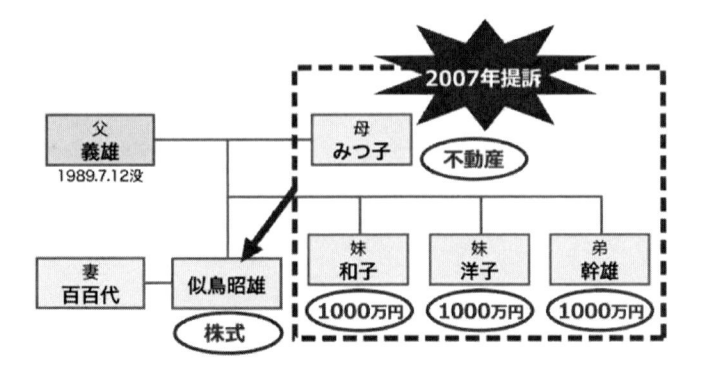

図6　株式会社ニトリの相続問題

出典：相続・贈与相談センター仙台支部「ニトリの「争族」事例に学ぶ生
　　　前対策と遺言の大切さ」2016.9.23

　相続が起きた当時、公開前（かつ分割前）のニトリ株 92,500 株の
評価額がいくらかは不明だが、未上場株で数千万円程度の評価だっ
たとすれば、この時の妹弟の取り分・現金 1,000 万円がそれほど不
当とは言えないが、ニトリは 1989 年 9 月に株式公開し、1998 年の
508 円の安価から 2023 年にはおよそ 20,000 円（40 倍）にまで高騰
している。裁判が提起された 2007 年でさえ約 13,200 円(26 倍)まで
高騰していたので、親族が株式の相続について争うことになったの
も、この株価の高騰と無縁ではないであろう[8]。相続が「争族」にな
ってしまった。

3．二つの事例を見て

　大塚家具の勝久氏、久美子氏親子の争いは、どちらの承認欲求が満
たされないまま"私のやり方が正しい！"と主張する双方に、家族、社
員、株主が巻き込まれたように見える。勝久氏は 1969 年から 2009
年までの 40 年間、株式会社大塚家具の代表取締役として会社を率い

---

[8] 相続・贈与相談センター仙台駅前支部「ニトリの「争族」事例に学ぶ生前対策
　と遺言の大切さ」2016.9.23

てきた。2000 年代後半からの売上の低下も認識していたはずだ、"何かがおかしい、今までと違う。"と。しかしそうはいっても、何をどうすればいいのか。ビジネスモデルを変えるべきか変えざるべきか。そこで 2009 年に社長交代した。久美子氏の経営戦略には、"他に追い付かなければ！"という焦りがあったから、勝久氏のやり方を踏襲できなかったのではないだろうか。

　勝久氏が社長を退任し久美子氏が社長に就任した後、久美子氏は勝久氏とは反対の経営方針を打ち出した。バーゲンセールの実施、価格を下げて顧客を富裕層からターゲットを変更し、顧客対応の為に人員整理しなかった従業員を減らして固定費を下げた。

　久美子氏は大塚家具に入社して 2 年で取締役になり、経営陣に入った。正確な年数は企業によるが、役職のない一従業員としていくつかの現場を経験し、従業員やお客様の声を聴き、経営戦略に反映させた方が良かったのではないか。会社のトップとなって急に変革するのではなく、やはり勝久氏のやり方を踏襲しつつ、少しずつ、従業員の意見を取り入れながら経営戦略を決めていった方が良かったのではないだろうか。

　一方、ニトリの似鳥昭雄会長は、自分の子供たちを後継者にしない旨、公言している。自身の相続の時の裁判の経験を踏まえての考えかどうかは定かではないが、昭雄氏以外の親族が、昭雄氏が相続した成長し続ける株式会社ニトリと、自分が相続した現金とを「比較」し、「不公平」や「不平等」を感じ、裁判へ打って出た、ということなのだろう。その「不公平」「不平等」を解消するために、相続後に話し合って解消策を取ればこの裁判は無かったかもしれない。

　上場企業の中で親族間の争いが起きると、マスコミに公表されて、従業員、取引先、株主に知られるところとなり、企業に悪い影響を与えてしまう。親族間で争いが起きないよう、起こさないよう、気配り、目配りが必要なのだ。その方法の一つがファミリーガバナンスの強化である。

Ⅳ. 「相続」と「争族」

　ここで、よく話題になる相続時の争いについて、事業承継と深く関係するということで、相続時の相続人の心理について考えてみたいと思う。

(1)「アタマ」と「こころ」

　心理カウンセラーの藤田耕司によると、例えば、1つのホールケーキを兄弟数人で切り分けて食べる場合、切ったケーキをそれぞれの皿に切り分けて食べる時、その大きさを巡ってよくケンカになる。「そっちの方が大きい、自分の方が小さい」、「そっちにはイチゴがのっているけど、自分の方はのっていない」といった不平不満を誰かが言い出すものである。自分の方が小さいと文句を言った子は、「他の兄弟はずるい」「なんで自分だけ小さいケーキで我慢しなければならないのか」という不満や怒りを感じながら、しぶしぶケーキを食べるだろう。ケーキそのものは美味しいにもかかわらず、「ケーキが美味しい」ということよりも「他の兄弟はずるい」「なんで自分だけが小さいケーキで我慢しなければならないのか」という不満や怒りに意識が向くことにより、ネガティブな感情とともにケーキを食べることになってしまう。美味しいという感覚は、味覚で感じる「美味しい」と、『こころ』で感じる「美味しい」が一体となってはじめて成り立つものである。そのため、どういった『こころ』の状態で食べるかは、「美味しい」と感じるためにはとても大切な要素となる。では、ケーキの大きさがわからないように別々に分けて食べさせた場合はどうだろうか。自分のケーキと比較する対象がないので、不満や怒りは恐らく出ないだろう。ケーキを食べられる嬉しさとケーキの美味しさに意識を向けることが出来るので、ケーキを食べて、味覚も『こころ』も「美味しい」と感じることができるだろう。この『こころ』の構図は相続の場合にもあてはまり、「ケーキ」と「相続する財産」を置き換えて考えるとわかりやすい。同じ出来事が生じた場合でも、他者と

の比較をする場合としない場合とでは、その出来事に対する考え方や意味付けが大きく変わり、そこから生じる感情も大きく変わるのである[9]。

　「ケーキ」＝「相続する財産」を渡される不動産や現金、有価証券というわかりやすい形でのみで表現されてしまうと、相続人の「こころ」は比較による優越感や劣等感に意識が向くようになる。比較の意識が生じている時、相続人の「こころ」は相続と向き合っているのではなく、他の相続人という「人」と向き合っている状態にある。そこで他の相続人と意見の食い違いが起きた場合、意識は相続から離れ、相手の意見や考え方への非難・批判のほうに向かっていくことになる。「こうなると『争族』に発展してしまいます」と藤田は言う[10]。

　被相続人が遺言を遺していた場合も遺言の内容に従って遺産分割を進めたとしても、各相続人によって公平・平等の考え方は異なり、全員が納得する公平・平等を実現することは極めて難しい。すべての相続人が納得する分割方法を、被相続人が遺言として遺すことも極めて難しいのだ。

（2）「相続」を「争族」にしないために

　対話を円滑に進める上で大きなカギを握るのが"承認欲求"だ。自分のことを認めてほしい、自らも自分自身のことを認めたいというこの承認欲求は、コミュニケーションと密接な関係を持っている。認めてほしいという言葉には、受け入れてほしい、肯定してほしい、褒めてほしい、自分のことに関心を持ってほしい、見守っていてほしい、話を聞いてほしい、尊重してほしい、共感してほしいなどの意味合いも含まれる。相続の際、自分が被相続人に対してしてきたこと—事業への貢献だけでなく、日々の家事や介護など—や被相続人に対する思い、被相続人との普段からの関わり等、金銭では測れない関係を持ってきた相続人もいるだろう。人は自らを認めてくれる相手に信頼感

---

[9] 藤田耕司　「もめないための相続心理学」中央経済社，　2014，p.34010～p.3709

[10] 藤田耕司　「もめないための相続心理学」中央経済社，　2014，p.4208～14

や親近感、安心感を覚え、そして『こころ』の扉をオープンにする傾向がある。すべての相続人の『こころ』の扉をオープンにした状態で遺産分割協議が出来れば、『相続』は『争族』、に発展しないはずである。その方法が、例えば相続人各々に宛てた手紙を添えたりそれぞれとのエピソードを遺産分割協議の場で流したり、とにかく、各相続人と被相続人との関わりを明確に示した上での遺産分割であるべきなのだ。相手から意見だけを一方的に言われると感情的になりがちな場合であっても、その理由や背景を聴くと納得することは多々ある。それゆえ、被相続人は遺言作成を含めた相続時を想定した事前準備が必要なのである[11]。

　以下に事業承継と相続を見越した「ファミリーガバナンス」の策定例を見てみる。

Ⅴ.ファミリーガバナンス

　日本では金融庁と東京証券取引所を中心に「コーポレートガバナンス改革」が取り組まれている。グローバルスタンダードの経営水準に対して、統治システムが機能していないために国際競争において劣位になっているとの反省から、社外取締役制度をはじめ多くの制度が定められている。その内容について、アメリカ型の市場ガバナンスの観点が強すぎるのではないか、あるいは、日本企業の組織文化にそぐわないのではないか、などの意見がある。一部には、従来の日本の企業には、欧米とは違うアプローチとはいえ、時代に先んじたガバナンスの仕組みがあったという声もある。日本には長寿企業が多く、老舗として名前が残るファミリービジネスには独自のガバナンスの仕組み（家訓、家憲など）がある[12]。以下にいくつか例示する。

---

[11] 藤田耕司　「もめないための相続心理学」中央経済社，　2014, p.101Ω3～p.113Ω7

[12] 階戸照雄、加藤孝治　「日本のファミリーガバナンスに係る一考察—ファミ

１．キッコーマン株式会社

（1）沿革

　1661年に高梨家が醤油醸造会社を開始したことに始まり、1917年に今の千葉県野田市近隣の醤油醸造家であった茂木6家、高梨家、堀切家が合同して今のキッコーマンの前身となる野田醤油株式会社が設立された。

（2）「17条の家憲」

　この家憲は、1917年の会社設立時に各々の家に残されていた家訓を審議して編纂されたものである。その1条は、「一門すべからく和をもって貴としと為すべし、互いに敬信して争うことなく、事業の隆昌と家運の長久を期すべし」から始まる。

　1917年は第一次世界大戦後に日本にも産業の近代化の波が来て、工場の機械化と経営の合理化を推進する一方で、工場の労働者との間で激しい労働争議が始まりつつあった。合併にいたるまでの困難な時期を通して、8家の調和がビジネスとファミリーにとって、いかに大切かを表している[13]。ライバル関係にあった複数の家族が事業に携わるため主導権争いすることが懸念された。とはいえ、あらかじめ事業承継のルールを決めておくと能力のない人間が経営に携わることにもなりかねないため、「17条の家憲」に加えて「**１．会社に入るのは、１家から１世代で１人だけであり、役員になる保証はない**」「**２．社長は特定の家で独占せず一番経営能力がある者を選ぶ**」「**３．創業家は社長の人事には口出ししない**」という不文律が存在する。これは適任者がいれば、社長は同族出身者にこだわらないという柔軟性も有している。現在の14代目社長中野祥三郎までの歴代社長のうち、創業8家から10人、準ファミリーからの2名の他、外部からの社長登用が2名いる。

リービジネスの事業承継が地域活性化に与える影響—」日本大学大学院総合社会情報研究科紀要 No.22,025-036（2021））
[13] 髙梨一郎　「キッコーマンから学ぶ持続経営」2021.8.23　一般社団法人日本ファミリービジネスアドバイザー協会

２．オタフクホールディングス株式会社

（1）沿革

　1922（大正 11）年に佐々木清一が広島市横川町で、醤油類の卸と酒の小売業「佐々木商店」を創業。2009 年に持株会社移転に伴い、称号を（旧）オタフクソース株式会社からお多福グループ株式会社に変更、ソース事業は会社分割によって設立された（新）オタフクソース株式会社が継承した。2014（平成 26）年、商号を現在のオタフクホールディングス株式会社に再変更した。オタフクホールディングス株式会社にはオタフクソース株式会社、お多福醸造株式会社　他、数社が子会社として入っている。

（2）佐々木家家族憲章

　2005 年に 6 代目オタフクソース株式会社社長に就任した佐々木茂喜は、2013 年から「家族憲章」の制定を推進してきた。創業者から第三世代となる従兄弟 8 人で議論を重ねた。事業は順調でファミリーで争っていた訳でもなかったが、2022（令和 4）年に創業 100 周年を迎え、具体的な社長交代や相続でもめる前に、200 周年への"転ばぬ先の杖"としてルール、家族憲章を決める必要性を感じていた。特に佐々木家の中から、株式を持ち、会社に入れるメンバーの人数に上限を設けないと会社中が佐々木姓の人間ばかりになりかねず、そういう会社が永続的に発展していけるとは思えないという危機感を持っていた。2015 年、「佐々木家家族憲章」を制定。『１．株は佐々木家ファミリー 8 家が均等に持ち、株式の家族外譲渡を禁止』『２．入社は 1 家族 1 人に制限し、入社後のえこひいきは行わない』『３．給与は基本給（平等）＋役職給（公平）』『４．退職金は「基本額（平等）＋貢献給（公平）」』『５．65 歳で現役を退き、顧問・相談役に就任』『６．年 4 回のファミリー会を開催』『７．多数決でなく全員一致まで議論』『８．各事業会社の取締役会の半数以上を佐々木家出身者以外とする』『９．後継者は世間が決める（基準は「何を変えたか」

「何を始めたか」「誰を育てたか」)』の９か条で[14]内容は５年ごとに改定するという取り決めになっている。この体制を作るにあたって大変な反論があった。かつては親族は希望すればだれでも入社でき、持ち株も報酬も一律だったからだ[15]。だから親族間でもめ事が起こらないように年５回、ある意味、強制的に顔を合わせる会を開いている。

Ⅵ. まとめ

　私が父から事業承継して丁度 20 年、代表取締役になって 18 年になる。今回、事業承継について、「家業」「事業承継の裁判事例」「ファミリーカバナンス」の３つの視点から検証するチャンスを頂いた。我が家の家業がいくつかあるうち、「天下送り・宿送り」の仕事が時代を経て現在まで、形を変えて続いてきたことがわかった。また、事業承継の裁判事例については、併せて相続の心理学について、藤田耕司先生の本「もめないための相続心理学」を読んで、相続の際どうして「相続」が「争族」になってしまうのかを深く知ることが出来た。さらに、「相続」が「争族」にならないためのファミリーガバナンスを制定している会社が、ここに挙げたキッコーマンやオタフクソースだけでなく数多く存在することがわかった。そして企業によって、グローバル経済の中で生き残っていく“老舗”“ブランド”“信用”を守るために、“長く続いてきた『血筋』だから絶やすな”というところと“100 年、200 年続けて営業していくには一族以外の多様な人材を受け入れるべき”というところと、両方の考え方が存在することもわかった。
　事業承継では、“公”である会社の存続の為に“私”である後継者がど

---

[14] 星野佳路　『星野佳路と考えるファミリービジネスの教科書』p.347 より引用
[15] 水澤薫　「【広島】創業ファミリー出身でも成果無ければ即刻異動」News picks,2022.5.31

ういう行動をとるべきかが重要になる。後継者は会社を存続させて、継続して顧客の事業を支え、自社の従業員の生活を守っていかねばならない。会社の顔となる社長を務めることは一見、華やかに見えるかもしれないが、そこには公と私を分けるルールが必要だ。事業承継や相続が「争族」になってしまうと、家族、従業員、上場企業であれば株主も大いに巻き込まれ、企業イメージ、信用などが落ちてゆく。本来は社業に力を注ぐべきところが、悪化してしまった社業を取り巻く環境の改善に注力しなければならなくなるので、何としても避けなければならない。

　中小企業、大企業問わず、日本のファミリービジネスが幼い時から"家"についての考え方を身につけられる「血縁」を大事にした方が生き残っていけるのか、逆に「血縁」は最低限に留めて多様な人材を経営陣に招き入れたほうがいいのかは 50 年後、100 年後の未来にどれだけの会社が残っていてどういうルールを基に事業を進めてきたのかを検証する必要があるであろう。どちらにしても、スムーズな事業承継を考えるならばトップダウンの命令ではなく、親族間、親子間の社業のへの評価のボトムアップの為にお互いの意見を交換しあい、受入れ合う機会を出来るだけ多く持つことが大切なのではないだろうか。

Ⅶ. おわりに

　私は今年度、企業法務や事業承継の為に定められた法律や制度を学んだが、学べば学ぶほど、法律や制度は人間の本能―人（会社）のお金でも欲しい、自分の自尊心を満たしたい、自分のミスを隠したい、立身出世したいなどの自分の欲を満たしたい―を抑え込む為に存在するのではないかという思いが強くなった。小さくても一企業の代表取締役に就けば、人も物も金も、自分の思い通りに動かせると思われがちだが、1 つの会社を動かす力を持ったからこそ、思い通り

にならないことも増えるのだ。

　私は、社内で役職が上がっていくほど給料が上がるのは、それだけ部下や顧客に対して頭を下げることが増えるからだと思っている。それが、会社の責任を果たすことだとも思っている。

　大塚勝久氏、久美子氏を直接は存じ上げないのでわからないが、相続だけでなく事業承継の場でも、後継者は「アタマ」で理解するだけでなく、従業員の中で役職無く働いて自分で昇給昇進を勝ち取ったり、お客様からのクレーム対応に当たってもやもやする気持ちを経験したりして初めて、「こころ」で会社の業務を理解できるのではないかと思う。それは、先代からの引継ぎなく暗中模索してきた私が見つけた、数少ない持論である。

　最後に、私自身の事業承継について、なぜ私が承継から20年近く経っても割り切れない思いが消えなかったかについて、自分なりの結論を見つけた。父はすでに亡くなっているので直接話は聞けないが恐らく、父は「家業」よりも「家」の存続に重きを置く一方でそれが重圧になっていて、私に先祖がいかに時代を乗り切ってきたのか、とか家業に対する思いを語ってくれるとか一緒に一族の歴史を振り返ってみる等の場を設けるとかにまでは考えが至らなかったのであろう。だから今まで、"先祖がなぜ「天下送り」という役目を担っていたのか"や"幕末の困窮した時代を先祖がどう乗り切ったのか"も知らなかった。私はとにかく、土地や建物を失って事業が立ち行かなくなっては駄目だということしか頭になく、もどかしい思いをずっと抱えていた。従業員や顧客に迷惑を掛けない程度のチャレンジはしてみてもいいのだ。自分でやっと納得することができた。承継者は後継者に対して、"跡を継ぐことをよく決心してくれた。有難う。"の心を、後継者は承継者に対して、"今までよく事業のバトンを繋いできてくれた。有難う。"の気持ちをもって、お互いに家業の将来を語り合う時間が、私には無かったが本来は必要なのであろう。

　末筆になりましたが、貴重な振り返りの場を提供してくださった安達巧先生に深く感謝申し上げ、結ぶこととする。

≪参考文献≫

勝矢倫生:「広島藩における宿駅経営の負担構造ー西国街道海田宿の場合ー」尾道短期大学研究紀要 37-1,1988

藤田耕司:「もめないための相続心理学」中央経済社, 2014

安芸国安芸郡海田市千葉家文書目録 (『広島県立文書館 収蔵文書目録 第3集所収』,p.4235～41,広島県立文書館,2014.9)

大関暁夫:「大塚家具に赤福も！事業承継で親子紛争はなぜ起きる」AllAbout 更新 2015 .2.25

冨岡耕「決着！大塚家具、前代未聞の株主総会の全容」東洋経済ONLINE,2015.3.28

冨岡耕:『大塚家具の「父娘バトル」、今度は法廷決戦へ久美子氏はすすり泣き、勝久氏は声荒らげる』東洋経済 ONLINE,2015.7.15

冨岡耕:『大塚家具、娘に勝訴した父は何を得たか「主文、久美子氏は勝久氏に15億円を支払え」』東洋経済 ONLINE,2016.4.12

相続・贈与相談センター仙台支部:「ニトリの「争族」事例に学ぶ生前対策と遺言の大切さ」2016.9.23

第 6 回 事例研究問題 ｜ 事業承継コンサルティング株式会社(jigyohikitsugi.com),2018.3.1

森村和男:「大塚家具はなぜ事業承継に失敗したのか」(前)(後)NetIB-NEWS, 2018.4.10/4.11

森村和男:『大塚家具親娘対決の根源～一族の資産管理会社「ききょう企画」にあり！』(前)(後)NetIB-NEWS, 2018.8.16/8.17

星野佳路:『星野佳路と考えるファミリービジネスの教科書』,2019

水澤薫:「【広島】創業ファミリー出身でも成果無ければ即刻異動」News picks,2022.5.31

上野善信:「ニトリも大塚家具も、家具業界を勝ち抜く本命とは言えない？ビジネスモデル比較で見えた真の実力」BUSINESS INSIDER,2020.12.14

階戸照雄、加藤孝治：「日本のファミリーガバナンスに係る一考察—ファミリービジネスの事業承継が地域活性化に与える影響—」日本大学大学院総合社会情報研究科紀要 No.22,025-036,2021

高梨一郎：「キッコーマンから学ぶ持続経営」一般社団法人日本ファミリービジネスアドバイザー協会,2021.8.23

山本尚宏：「資産管理会社を活用した節税の仕組みと3大テクニック」不動産投資の教科書,2023.5.25

事業承継マネジメント

－弊社の事業承継－

横山　典玄

目次

1．企業概要

社　　名	株式会社横山工業所
所　在　地	〒732-0817 広島市南区比治山町 1-10
電話　番号	082-264-2291
FAX 番　号	082-264-2286
代　表　者	代表取締役社長　横山典玄
設立年月日	創業：昭和 40 年 10 月　設立：昭和 44 年 11 月
資　本　金	49,000,000 円
従業員　数	46 名
業務　内容	管工事全般

2．弊社の沿革

昭和 40 年 10 月	個人創業
昭和 44 年 11 月	有限会社に組織変更
	横山 静香　代表取締役社長　就任
昭和 63 年 3 月	株式会社に組織変更（資本金 1,700 万円）
平成 2 年 9 月	自社ビル完成
平成 2 年 10 月	資本金を 2,500 万円に増資
平成 2 年 11 月	寺岡 雄　2 代目代表取締役社長　就任
	関連会社　有限会社 ヨコヤマ商会　設立
平成 11 年 10 月	資本金を 4,900 万円に増資
平成 22 年 11 月	横山 典玄　3 代目代表取締役社長　就任
平成 27 年 11 月	創業 50 周年
平成 28 年 10 月	関連法人　一般社団法人 静時会　設立
令和 2 年 9 月	(有)ヨコヤマ商会、不動産事業部立上げ
令和 7 年 11 月	創業 60 周年を迎える

3. 弊社事業の現状

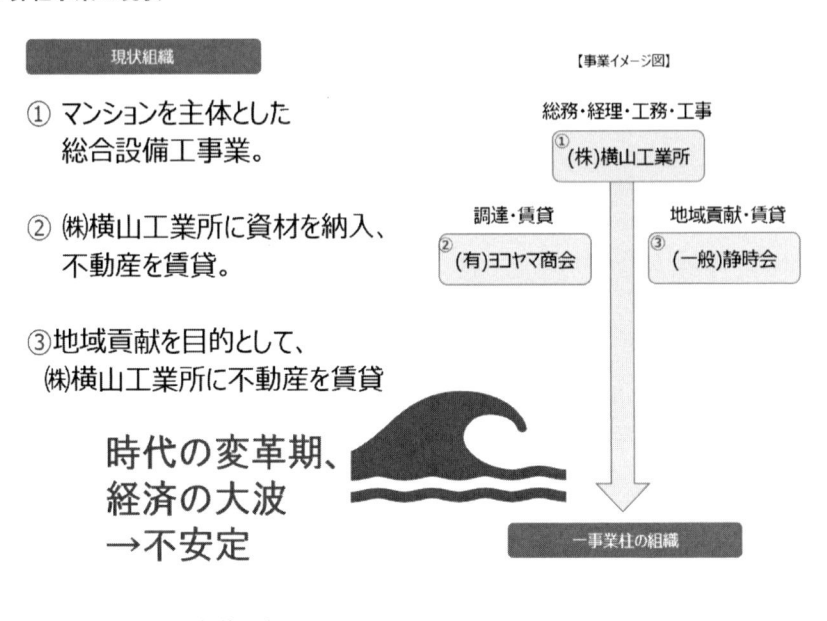

現状組織

① マンションを主体とした
　総合設備工事業。

② ㈱横山工業所に資材を納入、
　不動産を賃貸。

③地域貢献を目的として、
　㈱横山工業所に不動産を賃貸

時代の変革期、
経済の大波
→不安定

【事業イメージ図】

総務・経理・工務・工事
①(株)横山工業所

調達・賃貸　　　　　地域貢献・賃貸
②(有)ヨコヤマ商会　　③(一般)静時会

一事業柱の組織

4. 弊社事業計画→組織再編

組織再編による新体制、各社機能及び新事業

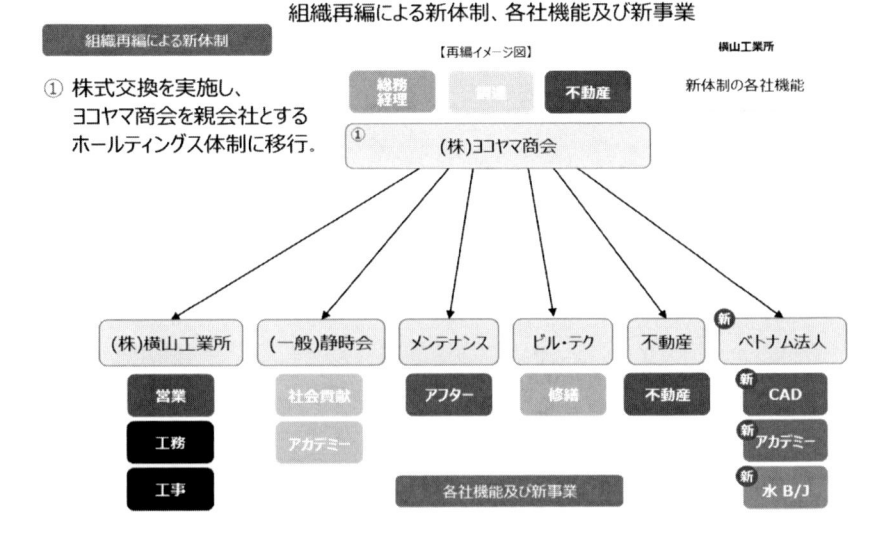

組織再編による新体制

① 株式交換を実施し、
　ヨコヤマ商会を親会社とする
　ホールディングス体制に移行。

【再編イメージ図】

総務
経理　　　工事　　　不動産

①(株)ヨコヤマ商会

横山工業所

新体制の各社機能

(株)横山工業所　(一般)静時会　メンテナンス　ビル・テク　不動産　新ベトナム法人

営業　　　社会貢献　　アフター　　修繕　　不動産　　新CAD

工務　　　アカデミー　　　　　　　　　　　　　　　　新アカデミー

工事　　　　　　　　　　各社機能及び新事業　　　　新水B/J

５．事業承継の形態

事業承継３つの類型

その1
親族への承継
∨

その2
従業員等への承継
∨

その3
第三者承継(M&A)
∨

出典：事業の趣旨と目的｜事業承継とは｜東京都事業承継・引継ぎ支援センター（jigyo-hikitsugi.jp）

（１）．親族内承継

その1
親族への承継
∨

・ メリット
あらゆる面で、心情的に受け入れやすい。
相続による「財産権」の承継ができるので、
コストが少なくて済む。
・ デメリット
心情に負けて、経営者としての資質がない
後継者に任せてしまいがち。
兄弟がいる場合など対立が生じやすい。
近年は承継辞退（子供が継ぎたがらない）も多い。

出典：事業の趣旨と目的｜事業承継とは｜東京都事業承継・引継ぎ支援センター（jigyo-hikitsugi.jp）

（2）. 従業員承継

その2
従業員等への承継
∨

・ メリット
後継者候補の数は増える。
従業員以外に、同業他社からの採用や異業種からの
ヘッドハンティングも検討できる。
事業をよく知っているので引き継ぎ易い。
・ デメリット
従業員から承継する場合には、
経営者としての資質が問題になる。
多くの場合、後継者候補には、
承継する会社の株式を買い取る資力がない。
現在の社長の個人保証が肩代わられず、
個人保証が抜けない可能性がある。

出典：事業の趣旨と目的｜事業承継とは｜東京都事業承継・引継ぎ支援センター（jigyo-hikitsugi.jp）

（3）. 社外、第三者承継〔M&A〕

その3
第三者承継（M＆A）
∨

・ メリット
より広範囲から的確な会社を選択できる。
会社の売却で多額の現金を得られる
可能性がある。
・ デメリット
希望に合う相手を見つけるのが難しい。
仲介会社への報酬負担が必要となる。

出典：事業の趣旨と目的｜事業承継とは｜東京都事業承継・引継ぎ支援センター（jigyo-hikitsugi.jp）

6. 事業承継の構成要素

事業承継の構成要素

人（経営）の承継
- ・経営権
- ・後継者の選定
- ・後継者教育

資産の承継
- ・株式
- ・事業用資産（設備・不動産等）
- ・資金（運転資金・借入金）

知的財産権の承継
- ・経営理念
- ・従業員の技術や技能
- ・顧客情報
- ・特許、許認可

出典：事業承継の3つの構成要素 – 税理士法人FIA（fia-jp.com）

7. 事業承継5つのステップ

事業承継「5つのステップ」

中小企業庁が推奨する円滑な事業承継のステップは下記の5つとなっております。

ステップ**1** 事業承継に向けた準備の必要性の認識

ステップ**2** 経営状況・経営課題等の把握（見える化）

ステップ**3** 事業承継に向けた経営改善（磨き上げ）

親族内・従業員承継 / 社外への引継ぎ

ステップ**4** 事業承継計画策定 / マッチング実施

ステップ**5** 事業承継の実行 / M&A等の実行

ポスト事業承継（成長・発展）

出典：中小企業庁事業承継ガイドライン,P31

事業継承を円滑に行うには、早期に準備し、支援機関等に協力を得ながら、自社の10年後を見据えて、着実に事業承継の実行していく必要がある。

中小企業庁が推奨する円滑な事業承継のステップは下記の5つがある。

ステップ1
事業承継に向けた準備の必要性の認識

後継者教育等の準備に要する期間を考慮し、早めに事業承継の準備が必要で、認識を醸成する。支援機関等のネットワーク利用も効果的である。

ステップ2
経営状況・経営課題の把握（見える化）

後継者が円滑に承継するために、経営状況や経営課題、経営資源等を見える化し、現状を正確に把握する。専門家や金融機関への相談が効率的。

ステップ3
事業承継に向けた経営改善（磨き上げ）

次世代に事業承継するまで、事業の維持・発展に努め続け、現経営者は経営改善に努め、より良い状態で後継者に事業を引き継ぐ。後継者候補となる者が後を継ぎたくなるような経営状態に引き上げておく、魅力作りが重要。

ステップ4 （親族内承継）
事業承継計画策定

いつ、どのように、何を、誰に承継するのか、具体的な計画を立案する必要がある。現経営者と後継者が事業承継に向けて共通の目的意識のもと対話しながら策定する。早期に家族会議もしくは親族会議を開催し、親族の同意を得ておくことが重要である。

ステップ5 （親族内承継）
事業承継の実行

事業承継計画で把握された課題を解消しつつ、資産の移転や経営権の移譲を士業専門家の協力を仰ぎながら実行する。

ポスト事業承継（成長・発展）

後継者は新たな成長のステージに入るため、事業承継後の取組みについてしっかりとしたイメージを持つことが重要である。

8. 弊社の事業承継

ステップ1. 事業承継に向けた準備の必要性の認識

　私自身が先代から事業を承継し、１５年が経過した。現在６２歳で健康面や事業継続意欲も低下しているわけではないが、今後の事業を継続しさらに企業を成長させる為には、次世代の承継者を任命し後継者として教育等を行う必要がある。５年前に家族会議（親族会議）を行い２人の娘と協議を行った。長女は医療系の仕事の継続を自身で決断して決定した。次女を事業の後継者として任命した。その際に次女の配偶者候補と共に話し合いをした。婚姻届と同時に私の養子として養子縁組の手続きを行い、後継者の次女と共に事業承継をする旨を合意し受諾した。現在、次女はその後結婚し当社の顧問税理士事務所へ出向して、会計実務の教育を行っている。又、養子となった次女の配偶者は私の友人の経営する、建築・不動産関係会社に通常の雇用契約で仕事のスキルとマネジメントを６年間の約束で勤務している。３年後に弊社入社予定である。

ステップ2. 経営状態・経営課題等の把握（見える化）

　３年前に会社の経営状態と事業承継問題の見える化の為に銀行の勧めで、事業承継に明るい税理士事務所に弊社の株価算定と事業承継の計画の立案策定を依頼した。

　（株）横山工業所の株価算定は、

類似業種比準価格で算出し、160,290 円／1 株あたり。

純資産価格は、決算を基準とした算出で、618,569 円／1 株あたり。

会社区分の判定は、取引高と総資産額の大きい区分で、中会社(大)となる。

相続税法上の時価＝類似業種比準価格 x90%＋純資産評価額 x10%＝206,117 円／1 株あたり。

　（有）ヨコヤマ商会の株価算定は、

類似業種比準価格で算出し、223,700 円／1 株あたり。

純資産価格は決算を基準とした算出で、230,650 円／1 株あたり。

会社区分の判定は、取引高と総資産額の大きい区分で、小会社となる。

相続税法上の時価＝類似業種比準価格 x50%＋純資産評価額 x50%＝227,175 円／1 株あたり。

　現時点での相続時の株価算定では、

（株）横山工業所の株価＝ 206,117 円 x964 株＝198,696,788 円、

（有）ヨコヤマ商会の株価＝227,175 円 x60 株＝ 13,630,500 円、

合計金額 212,327,288 円、

株式の相続だけで、1 億円近い相続税額が発生する。

適格株式交換によるホールディングス化の提案を受けている。

(有)ヨコヤマ商会を親会社とするホールディングス化によって、事業承継に向けた資本政策。

１．組織再編による株価上昇抑制、２．事業戦略との連動制

なぜ、組織編成を行うのか。

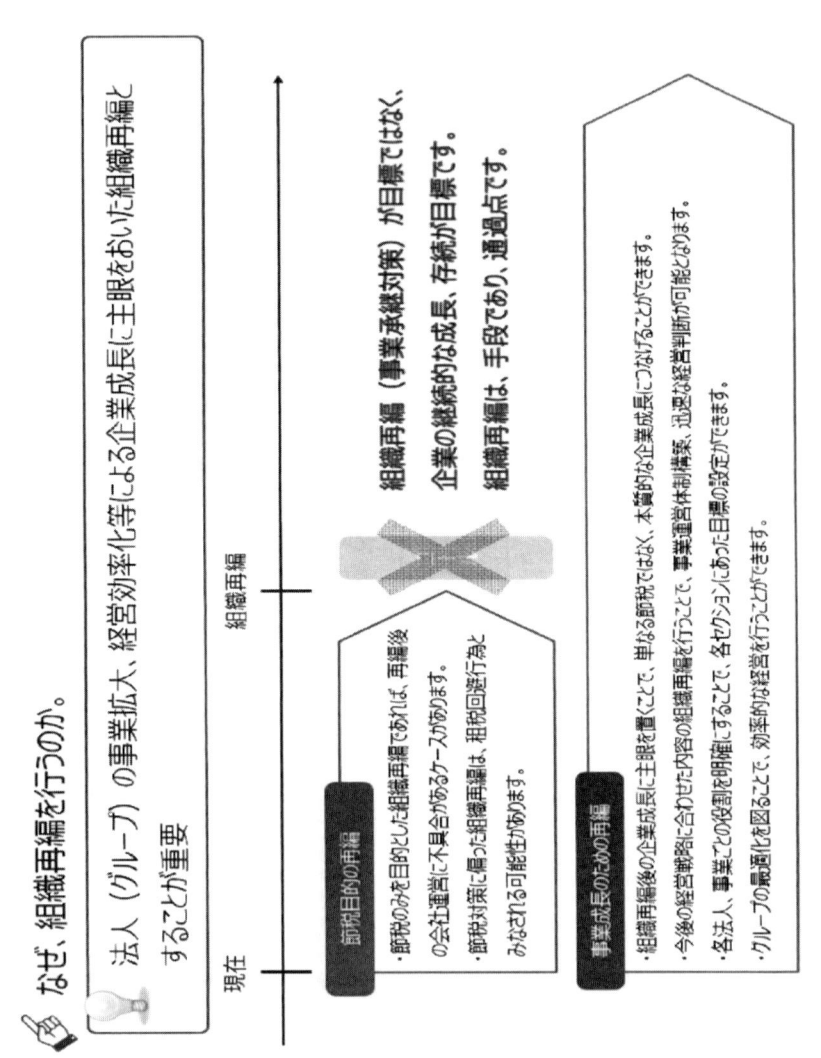

事業承継、株式承継のスケジュール、主要イベント

2021年	2022年	2023年	2024年	2025年	2026年	2027年	2028年	2029年	2030年

・株式交換実行
・ヨコヤマ商会をHD とした体制へ移行

・後継者である横山直弥様 が入社
・不動産検討（時期会）

・ベトナム現地法人を HD子会社として設立
・不動産事業開始

・株式承継
・代表者交代

・横山工業所60周年
・3つの「5」の要件の 充足確認
・株価対策

・株式承継
・横山工業所 代表者交代

3つの「5」の状況確認 （ルーティーン）

■ **ヨコヤマ商会の株式比率「50%以下」**
ヨコヤマ商会の株式比率を算定し、決算毎に横山工業所株価を算定し、ヨコヤマ商会の資産に占める株式等比率を確認する。

■ **横山工業所の売上高「15億円超」**
横山工業所決算毎に確認し、株式承継を見据えて売上高を拡大させる。

■ **ヨコヤマ商会の従業員数「5名超」**
事業計画（新事業、部門移転等）により、計画的な人員増加を実施する。

STEP1　ヨコヤマ商会を親会社とするHD化

横山 典女様（社長）　60株[100%]
→（有）ヨコヤマ商会　資材卸

96株[99.2%]
森山 能男様（取締役）　8株[0.8%]
→（株）横山工業所　建設業　従業員46名

会社名	会社区分	類似業種比準価額	純資産価額	株価（@単価）
横山工業所	中会社（大）	155千円（90%）	618千円（10%）	@201千円 195,718千円
ヨコヤマ商会	小会社	215千円（50%）	230千円（50%）	@223千円 13,382千円
株式合計				209,100千円

横山 典女様（社長）、森山 能男様（取締役）
100%
→（株）ヨコヤマ商会　建材卸　従業員●名
100%
→（株）横山工業所　建設業　従業員46名

会社名	会社区分	類似業種比準価額	純資産価額	株価（@単価）
ヨコヤマ商会	特定会社	215千円（0%）	3,492千円（100%）	@1,854千円 209,557千円
左記の差額		0千円	+3,262千円	+457千円

株式交換により単純にヨコヤマ商会を親会社とするHD化を行った場合、ヨコヤマ商会は株式等保有特定会社に該当します。

この場合には、ヨコヤマ商会は、評価の低い類似業種比準価額の比率が0%となるため、結果的に株価は上昇します。

キールディング（純資産価のみ）の株価への影響

STEP2-1 ヨコヤマ商会の資産に占める株式等の比率「50%以下」

株式等60／負債、純資産100／その他資産40

↓

株式等40／その他資産60／負債、純資産100

会社名	会社区分	現況基準比準価額	純資産価額	株価（@単価）
ヨコヤマ商会	特定会社	215千円（0%）	3,492千円（100%）	@3,492千円 209,557千円

株式等保有特定会社による株価の影響

会社名	会社区分	現況基準比準価額	純資産価額	株価（@単価）
ヨコヤマ商会	小会社	215千円（50%）	3,492千円（50%）	@1,854千円 111,240千円
左記との差額		0円	±0千円	▲98,317千円

ヨコヤマ商会（HD）の資産に占める株式の比率を「**50%以下**」にすることで、特定会社から一般の評価会社（小会社）となります。

⇒ 株価算定上、純資産価額が50%織り込まれるため、子会社である横山工業所株価の影響が約50%に留まることになり、ヨコヤマ商会株価は大幅に下落します。

STEP2-2 横山工業所の売上高「15億円超」

横山工業所

決算期	2018年10月期	2019年10月期	2020年10月期
売上高	14.8億円	14.4億円	8.9億円
総資産額	15.7億円	11.5億円	14.8億円
従業員数	46名	46名	46名

卸売業	小売・サービス業	その他	会社区分
30億円以上	20億円以上	15億円以上	大会社
7~30億円	5~20億円	4~15億円	中会社(大)
3.5~7億円	2.5~5億円	2~4億円	中会社(中)
2~3.5億円	0.6~2.5億円	0.8~2億円	中会社(小)
2億円未満	0.6億円未満	0.8億円未満	小会社

会社規模	類似業種比準価額	折衷割合	純資産価額	折衷割合	1株当たりの相続税評価額	総額
大会社	180,800円	1.00	618,569円	0.00	180,800円	175,738,000円
中会社(大)	155,000円	0.90	618,569円	0.10	201,356円	195,718,000円
差額						▲19,980,000円

(1) 横山工業所自体の株価

横山工業所の会社区分を中会社(大)から大会社になることにより、評価の高い純資産価額を横山工業所株価算定上、反映させる必要がなくなり、その結果として株価が抑えられます。

(2) ヨコヤマ商会の資産に占める株式等の比率

横山工業所株価を低減させることは、親会社であるヨコヤマ商会の資産に占める株式等の比率低下につながります。

(株)横山工業所の会社区分が上がると有効

STEP3 ヨコヤマ商会の従業員「5人超」

【 業種 】

業種	卸売業	小売・サービス業	その他
	20億円以上	15億円以上	15億円以上
	4~20億円	5~15億円	5~15億円
	2~4億円	2.5~5億円	2.5~5億円
	0.7~2億円	0.4~2.5億円	0.5~2.5億円
	0.7億円未満	0.4億円未満	0.5億円未満

« 従 業 員 数 »

	35人超69人以下	20人超35人以下	5人超20人以下	5人以下
大会社				
中会社(大)				
中会社(中)				
中会社(小)				
小会社				

会社規模	類似業種比準価額	折衷割合	純資産価額	折衷割合	1株当たりの相続税評価額	総額
大会社	301,600円	1.00	3,159,616円	0.00	301,600円	18,096,000円
中会社(大)	258,500円	0.90	3,159,616円	0.10	548,612円	32,917,000円
中会社(中)	258,500円	0.75	3,159,616円	0.25	983,779円	59,027,000円
中会社(小)	258,500円	0.60	3,159,616円	0.40	1,418,946円	85,137,000円
小会社	215,400円	0.50	3,159,616円	0.50	1,687,508円	101,250,000円

(年)ヨコヤマ商会の会社区分が株価に与える影響

ヨコヤマ商会の会社区分のランクアップにより、株価算定上、純資産価額(特に、横山工業所株式の影響)の比率が下がるため、ヨコヤマ商会株価は低下します。

事業承継マネジメント

ステップ３．事業承継に向けた経営改善（磨き上げ）

　本業の競争力強化として、完成工事高拡大(市内シェアー 60%)を目標と定めてはいるが、最も重要視する課題は利益率（利益額）の増大と捉えている。原価率の縮小、生産性の向上、働き方改革、人事評価制度を導入し、事業の成長と働き甲斐につなげている。

　人材育成として総務部を創設し総務マネージャーの採用を行い採用プロジェクトチームで採用を行い、２０歳台は全従業員４５人中１５人となった。更に教育プログラムを作成し人材育成に重点を置き、さらに人事評価制度を導入しより早い成長につなげている。

　働き方改革として、各部門における仕事の内容の棚卸を行い仕事の分業化を推し進め、さらに３年前から PC シャットダウン制度を導入し労働時間の上限抑制と、仕事の効率化を図っている。

　外部要因(人口減少)等による主軸のマンション(集合住宅)事業市場の変化対応と今後の顧客のニーズから新規事業として、今後増え続ける利益率の高い大規模修繕工事や小口修繕工事又はリニューアル工事、イノベーション工事の受注拡大に向けて営業部員を増員し、管理会社や管理組合等の売り上げ拡大をしている。昨年末には建設一般の建設業許可を取得し、修繕工事事業と伴って更なる受注拡大を目指している。さらに、不動産事業部も創設した。建設関係の土地にかかわる水上側から修繕・メンテナンス等の水下までトータルでコンサルティング、コンストラクションを目指す。

ステップ４．事業承継計画の策定

　後継者や親族と共同で、取引先や従業員、取引金融機関等との関係を念頭に置いて策定し、関係者と共有しておくことで、協力を得やすく信頼関係維持に役立つ。さらに後継者や従業員が事業承継に向けて必要なノウハウの習得や組織体制の整備の準備が整う。

　事業承継計画策定の前に、**自社の経営理念を承継することの重要性**を認識する必要がある。経営者が過去から現在までを振り返り、経営に対する想い、価値観、信条を再認識し明文化して後継者のほか、従業員や取引先といった関係者と共有しておけば、理解と協力を得る上でも有用で、事業承継後の経営においてブレない強さを維持できる。

中長期の事業承継計画の策定

　自社の現状とリスク等の把握を経て、これらを元に 10 年後、5 年後に向けて現在の事業を維持していくのか、拡大していくのか。現在の事業に留まるのか、新規事業に挑戦するのか。具体的な指標に落とし込む。

10年後までの事業承継計画の記入例

社名	中小株式会社					後継者		親族内 ・ 親族外			
基本方針	①中小太郎から、長男一郎への親族内承継 ②5年目に社長交代（代表権を一郎に譲り、太郎は会長へ就任し10年目には完全に引退） ③10年間のアドバイザーを弁護士と税理士に依頼										

項目		現在	1年目	2年目	3年目	4年目	5年目	6年目	7年目	8年目	9年目	10年目
事業計画	売上高	8億円					9億円					12億円
	経常利益	3千万円					3千5百万円					5千万円
会社	定款・株式・その他		相続人に対する売渡請求の導入						親族保有株式を配当優先株式化			
現経営者	年齢	60歳	61歳	62歳	63歳	64歳	65歳	66歳	67歳	68歳	69歳	70歳
	役職	社長	→	→	→	→	会長	→	相談役	→	→	引退
	関係者の理解	家族会議	社内へ計画発表		取引先・金融機関に紹介		役員の刷新					
	後継者教育	後継者とコミュニケーションをとり、経営理念、ノウハウ、ネットワーク等の自社の強みを承継 →										
	個人財産の分配						公正証書遺言作成					
	持株（％）	70％	65％	60％	55％	50％	0％	0％	0％	0％	0％	0％
		毎年贈与（暦年課税制度）→					事業承継税制					
後継者	年齢	33歳	34歳	35歳	36歳	37歳	38歳	39歳	40歳	41歳	42歳	43歳
	役職		取締役	→	専務	→	社長					
	後継者教育　社内	工場	営業部門		本社管理部門							
		経営者とコミュニケーションをとり、経営理念、ノウハウ、ネットワーク等の自社の強みを承継 →										
	後継者教育　社外		外部の研修受講	経営革新塾 →								
	持株（％）	0％	5％	10％	15％	20％	70％	70％	70％	70％	70％	70％
		毎年贈与（暦年課税制度）→					事業承継税制	納税猶予 →				
補足	・5年目の贈与時に事業承継税制の活用を検討。 ・遺留分に配慮して遺言書を作成（配偶者へは自宅不動産と現預金、次男・長女へは現預金を配分）。 ・一部以外の株主（次男・長女）の保有株式を配当優先株式化することで均衡を図る。										

【注意】計画の実行にあたっては専門家と十分に協議した上で行ってください。

出典：中小企業庁事業承継ガイドライン、P135

＜10カ年版事業承継計画（様式）＞

社名						後継者			親族内 ・ 親族外			
基本方針												

	項目	現在	1年目	2年目	3年目	4年目	5年目	6年目	7年目	8年目	9年目	10年目
事業計画	売上高											
	経常利益											
会社	定款・株式・その他											
現経営者	年齢											
	役職											
	関係者の理解											
	後継者教育											
	株式・財産の分配											
	持株（%）											
後継者	年齢											
	役職											
	後継者教育 社内											
	社外											
	持株（%）											
補足												

【注意】計画の実行にあたっては専門家と十分に協議した上で行ってください。

出典：中小企業庁事業承継ガイドライン, P135, P136

5年後までの事業承継計画の記入例

社名		中小株式会社			後継者	親族内・親族外	
基本方針		[基本方針] ① 中小太郎から、長男一郎へ親族内承継。 ② 3年目に社長交代。（代表権を一郎に譲り、太郎は会長に就任。5年目に完全に引退。） ③ 5年間のアドバイザーを弁護士と税理士に依頼する。					
項目		現在	1年目	2年目	3年目	4年目	5年目
事業計画	売上高	8億円			8億5千万円		9億円
	経常利益	3千万円			3千2百万円		3千5百万円
会社	定款・株式・その他		相続人に対する 売り渡し請求の導入			他の親族から 金庫株取得	
現経営者	年齢	60歳	61歳	62歳	63歳	64歳	65歳
	役職	社長 →→→→→→			→ 会長	相談役	引退
	関係者の理解		家族会議 社内への計画発表	取引先・ 金融機関に紹介	役員の刷新（注1）		
	後継者教育	経営者とコミュニケーションをとり、経営理念、ノウハウ、ネットワーク等の自社の強みを承継 →→→					
	個人財産の分配				公正証書 遺言作成		
	持株（%）	70%	60%	50%	0%	0%	0%
		暦年贈与（暦年課税制度）→→→					
後継者	年齢	33歳	34歳	35歳	36歳	37歳	38歳
	役職	取締役	専務		社長		
	後継者教育 社内	工場	本社管理部門				
			営業				
	後継者教育 社外	外部の研修受講	経営革新塾 →→→		→		
		経営者とコミュニケーションをとり、経営理念、ノウハウ、ネットワーク等の自社の強みを承継 →→→					
	持株（%）	0%	10%	20%	70%	100%	100%
		暦年贈与（暦年課税制度）→→→			事業承継税制	納税猶予 →→→	
補足		・3年目の贈与時に事業承継税制の活用を検討 ・遺留分に配慮し遺言書を作成（配偶者へは自宅不動産と現預金、次男・長女へは現預金を配分）。 ・一郎以外の株主（次男・長女）の保有株式を金庫株取得することで均衡を図る。					

出典：中小企業庁事業承継ガイドライン,P137，P138

＜5カ年版事業承継計画（様式）＞

社名					後継者	親族内・親族外

基本方針						

	項目	現在	1年目	2年目	3年目	4年目	5年目
事業計画	売上高						
	経常利益						
会社	定款・株式・その他						
現経営者	年齢						
	役職						
	関係者の理解						
	後継者教育						
	個人財産の分配						
	持株(%)						
後継者	年齢						
	役職						
	後継者教育 社内						
	後継者教育 社外						
	持株(%)						
補足							

出典：中小企業庁事業承継ガイドライン,P137, P138

中長期目標設定において、将来を構想するための思考補助ツール
　経営デザインシートの活用

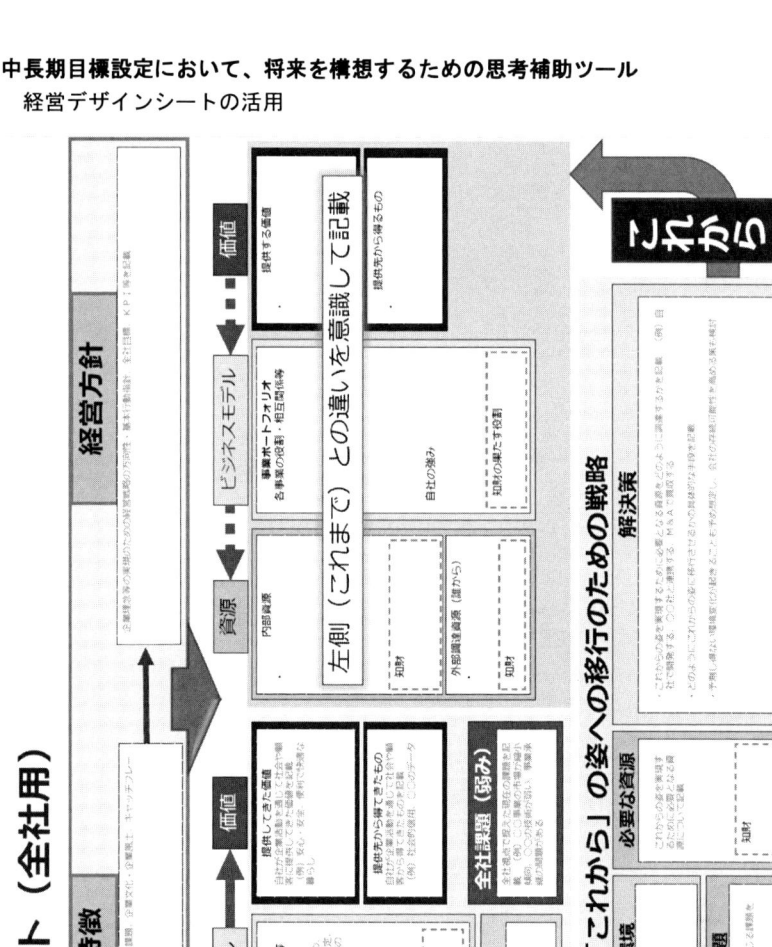

出典：首相官邸　政策会議　siryou2_2.pdf（kantei.go.jp）

89

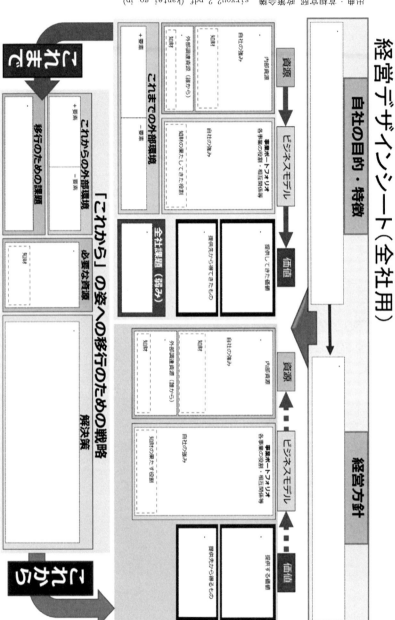

経営デザインシート（全社用）

自社の現状分析
　　　次世代に向けた改善点や方向性を整理する。

1）今後の環境変化の予測と対応策
　　　今後の変化を予測して適切な対応策を整理する。

2）事業承継の時期を盛り込んだ事業の方向性
　　　現在の事業を継続するか、事業の転換を図るのか事業領域を明確化する

3）具体的な目標設定
　　　売上や利益、シェアー等の具体的な指標を設定する。

4）円滑な事業承継に向けた準備
　　　支援機関や資金調達についても盛り込むことで実効的な計画となる。

９．親族内承継における課題と対応策

　事業承継について後継者候補の同意を得た上で、必要な育成を行いつつ、親族や従業員、取引先等の関係者との対話を進める必要がある。時間をかけて慎重に取り組まなければならない。

　現経営者と後継者候補の対話を重ねていくには、家業に抱く将来像を現経営者とすり合わせて、現経営者の想いや経営理念を理解するとともに、後継者としての自覚を持つことが重要である。承継に当たっては、信頼関係を構築するために、現経営者とも付き合いのある従業員や取引先等とも対話を重ねる。

　後継者育成に関して、中小企業の経営者には、事業運営に関する現場の知見はもちろん、営業、財務、労務等の経営管理に関する幅広い知見が必要。後継者が持つべき資質・能力として、「経営に関する意欲・覚悟」、「自社の事業に関する専門知識」、「自社の事業に関する実務経験」と知識・経験を重視。後継者教育には十分な期間を準備し、必要な経験を積ませる準備期間として５年以上の期間が必要である。

　従って、後継者候補が決まり、近い将来に事業承継を行う予定があれば、その期間に合わせて、社内教育と社外教育をうまく組み合わせ後継者教育を計画的に行わなければならない。

　社内教育として、営業、現場、総務、財務、労務等の各分野を経験するローテーションに加えて、経営企画といった経営の中枢を担ってもらうことで、事業全体に対する理解を促し重要な意思決定やリーダーシップを発揮する機会を与え、経営者としての自覚を育てる。

　社外教育として、他社で勤務経験を積むことで自社を客観的視して自社改革の原動力となる。外部のセミナー等で体系的な教育を受けて経営に関する広範かつ体系的な知識を得ることが出来る。

親族等との調整は、現経営者がリーダーシップをとり早期に家族会議・親族会議を開催し事業承継に向けて想いを伝え、親族の同意を得る必要がある。

　従業員との事前協議ついて、従業員にとって後継者候補の存在を知らなければ会社の将来に対し不安が募り、士気にも関わる。後継者との信頼関係を構築する為にも、早期に後継者候補や事業承継計画を周知しておくべきである。

　取引先や金融機関との事前協議について、取引先や金融機関とっても後継者候補の紹介を受け、事業承継計画が明示された方が将来にわたって取引関係を継続する上で有益である。理解と協力を得られるためにも、早期に説明を行うべきである。

財産の承継

　税負担への対応について、親族内承継では、先代経営者から後継者に対して株式や事業用資産を贈与・相続により移転する。この場合事業承継直後の後継者は資金力が不足しており、事業承継の大きな障害となる。したがって、手法によっては前もっての準備が必要な場合がある。可能な限り速やかに、税務面では税理士に、資金調達に関しては金融機関等に対して相談して適切な助言を仰ぐべきである。

　株式・事業用資産の分散防止の対応について、遺産分割協議によっては、株式が多数の相続人に分散してしまう。株主総会の運営等、株主管理コストが増加し、株式買い取り請求をされ資金が流出するトラブル発生する。さらに事業の円滑な承継が阻害される可能性がある。そのために先代経営者の相続発生に先立って事前の対策が重要である。

　債務・保証・担保の承継については、その処理を確実に行わなければ、円滑な事業承継の現実が困難となるばかりか、かかる負担が重荷となり、後継者が承継を断念する恐れすらあり得る。事業承継にむけて、経営改善等を通じた資金繰りの改善により債務の圧縮を図りながら、金融機関との信頼関係を構築することが重要である。

　資金調達については、事業承継を行うにあたり多額の資金が必要になる場合がある。経営者交代により信用状態が悪化して金融機関からの借入条件や取引先の支払条件が厳しくなる等懸念される。各段階の資金ニーズに応じた円滑な資金調達を行う必要があることから、取引金融機関等との間で事業承継計画や課題、資金ニーズについて認識を共有しておくことが重要である。

　総財産の確実な把握をし、事前に事業の継承と親族へ分配の意思を表明して実行する必要がある。

参考文献

５．事業承継の形態

事業承継３つの類型、⑴親族内承継、⑵従業員承継、⑶社外、第三者承継

出典：事業の趣旨と目的｜事業承継とは｜東京都事業承継・引継ぎ支援センター（jigyo-hikitsugi.jp）

６．事業承継の構成要素

人の承継、資産の承継、知的財産権の承継

出典：事業承継の３つの構成要素 – 税理士法人FIA（fia-jp.com）

７．事業承継５つのステップ

出典：中小企業庁事業承継ガイドライン,

事業承継に向けた５ステップの進め方、P31〜

８．弊社の事業承継

５カ年版事業承継計画(様式)、10カ年版事業承継計画(様式)

出典：中小企業庁事業承継ガイドライン,P135,P136,P137, P138

様式は独立行政法人中小企業基盤機構のサイト

(https://www.smri.go,jp/tool/supporter/succession1/index.html)

経営デザインシート（全社用）

出典：首相官邸　政策会議　siryou2_2.pdf（kantei.go.jp）

９．親族内承継における課題と対応策

課題と対応策(1)、課題と対応策(2)

出典：中小企業庁事業承継ガイドライン,P54〜P60

財産の承継

出典：中小企業庁事業承継ガイドライン,P61〜P88

親会社取締役の子会社に関する内部統制システムの構築義務・監視義務をめぐる善管注意義務等違反の有無が争われた事案についての一考察

弁護士　富　田　智　和

Ⅰ、はじめに

　筆者は弁護士登録以来、今日まで約１９年の間に１５件近くの株主代表訴訟の弁護団に原告側代理人として関与する機会に恵まれた。

　本稿では筆者がこれまで担当した株主代表訴訟の中から、子会社の内部統制システムの構築義務・監視義務等をめぐって親取締役の善管注意義務違反の有無が争われた都市銀行の反社会的勢力融資をめぐる銀行持株会社取締役に対する株主代表訴訟について取り上げることとしたい。

　なお当然のことであるが、本訴訟における原告の主張は、弁護団員の知恵を結集したうえで行ったものであり筆者のみの功績によるものではないこと、及び本稿における意見にわたる箇所は筆者の個人的見解に基づくものであることを付言しておく。

Ⅱ、事案の概要

1．当事者等

　原告は、株式会社甲フィナンシャルグループ（以下、「甲ＦＧ」という。）の個人株主である。

　被告らは、甲ＦＧ、及びその子会社である株式会社甲銀行（以下、「甲ＢＫ」という。）において取締役たる地位にあった者である。

　甲ＦＧは、銀行法により子会社とすることができる会社等の経営管理及びこれに附帯する業務を目的として平成１５年１月８日に設立された銀行持株会社である。

　甲ＢＫは、甲ＦＧの完全子会社であり、日本三大メガバンクの一つである。

2．甲ＢＫと株式会社乙（以下、「乙」という。）との提携ローン（以下、「本件キャプティブローン」という。）

　本件キャプティブローンは、平成９年３月に甲ＢＫの前身である株式会社丙銀行において取扱いが開始され、平成１６年に乙と甲グループが包括業務提携

をした後にも継続される。

　割賦販売法上の個別信用購入あっせんのうち、（ⅰ）購入者（顧客）、（ⅱ）販売業者（加盟店）、（ⅲ）クレジット業者（信販会社）及び（ⅳ）金融機関が取引に関わる4者提携ローンである。

　本件キャプティブローンは、以下の特徴を有しているとされる。

　①個々の債務者（顧客）は契約の相手方となる金融機関を選択することができず、金融機関も個々の債務者を選択することができない。

　②反社会的勢力該当性の審査を含む与信判断、回収等の顧客窓口業務については、乙（及びその加盟店）が全てを行い、甲BKは、取引の流れの中で一度も顧客と直接的な接点を有さない。

　③甲BKは、数千という大量の顧客に対し、具体的な顧客の属性等を特定せずに、まとめて融資を実行する。

　④甲BKと個々の顧客との間で金銭消費貸借契約が成立する。

　⑤資金使途が具体的な商品又は役務の対価に限定される。

　⑥乙が顧客の債務を連帯保証する。

　⑦融資期間は6か月以上7年以内であるが、概ね2年半から3年程度の期間で取引が解消されるものが多いという特徴を有している。このため、本件キャプティブローンは、甲BKと反社会的勢力との癒着につながるおそれが低く、その資金が反社会的目的に利用されることも想定されにくいものであり、一般の銀行融資と比して、反社会的勢力との取引によって弊害が生じるリスクが小さいものであったとされている。

3．本件キャプティブローンにおける反社会的勢力排除に向けた取組み

　甲FGにおいては、本件キャプティブローンにおいて甲FGのシステムを用いては融資の入口段階において反社会的勢力チェックは行わないこととされていた。

　その後、甲FGが乙を関連会社化するにあたり、甲グループとして顧客との接点が発生すること等の理由もあり、本件キャプティブローンにおける反社会的勢力排除の状況を確認するためのテスト（以下、「本件サンプルテスト」という。）が実施されることになった。

　平成22年11月ころ、甲BKのコンプライアンス統括室は、乙に対して、事後チェックの結果、反社会的勢力に該当することが判明した取引のみを情報提供することとした。

４．反社会的勢力への融資の発覚
（1）第１回事後チェックの結果と甲ＦＧ・甲ＢＫでの共有

　甲ＢＫコンプライアンス統括部渉外室は、平成２２年９月から１２月にかけて本件キャプティブローンについて事後チェックを実施した（以下「第１回事後チェック」という。）。第１回事後チェックの結果、本件キャプティブローンに係る取引約１０８万件のうち、不芳属性先との取引は６９９件（０．０６％）あり、そのうち反社会的勢力との取引に該当するものは２２８件（０．０２％）であった。

　そして、同２２８件のうち、７６％が総会屋、暴力団構成員等の第１グループとの取引に該当し、甲ＢＫの一般の与信取引における割合３４％よりも高いものであったが、０．０２％という割合については、甲ＢＫの一般与信取引における割合０．０１％と比較して、あまり差のないものであった。その後、第１回事後チェックの結果が同月２７日に被告Ｙ１に報告された。

　甲ＢＫは、平成２３年２月１６日、コンプライアンス委員会を開催し、ここで第１回事後チェックの結果が報告された。同委員会の資料には、反社会的勢力との取引と認定された取引のうち、第１グループとの取引の割合が甲ＢＫの与信取引におけるものよりも高いことや、反社会的勢力に該当する取引先の情報についてはこれを乙のデータベースに登録することになるが、不芳属性先の取扱いについては今後フォローする旨が記載されていた。

　甲ＢＫは、同月２２日、取締役会を開催したところ、上記コンプライアンス委員会で配布された資料と同一の資料が配布され、第１回事後チェックの結果が報告された。

（2）第２回事後チェックの結果と甲ＦＧ・甲ＢＫでの共有

　甲ＢＫは、平成２３年６月２９日、同年３月末時点における本件キャプティブローン約１００万件について事後チェック（以下「第２回事後チェック」という。）を行った。第２回事後チェックの結果、新たに１９６件が不芳属性先と認定され、うち５０件が反社会的勢力であることが判明した。第２回事後チェックの結果は甲ＦＧと共有されたが、甲ＦＧ及び甲ＢＫにおいて、上記結果について問題視する意見はなかった。

　甲ＦＧは、平成２３年７月１５日、取締役会を開催し、当時取締役であった被告Ｙ２（取締役会長）、被告Ｙ４（取締役社長・グループＣＥＯ）及び被告Ｙ３がこれに出席した。同取締役会では、前記記載のコンプライアンス委員会と同様の資料が配布され、被告Ｙ３によって、第１回事後チェックの結果とともに、甲ＢＫにおける反社会的勢力との与信取引の件数や金額が減少し、解消

に向かっている旨が簡略に報告された。ここにおいても、報告内容について問題視する意見はなかった。

　甲ＢＫは、平成２３年７月２８日にコンプライアンス委員会を、同月２９日に取締役会をそれぞれ開催したところ、これらにおいては、「当行取扱乙キャプティブローンの反社チェック（対象１９６件）の結果３月末現在で５０件を新規に反社認定」とだけ記載された資料が配布され、第２回事後チェックの結果が簡略に報告された。

　甲ＦＧは、平成２３年１２月２６日、コンプライアンス委員会を開催し、被告Ｙ４及び被告Ｙ３が出席した。同委員会の資料には、第２回事後チェックの結果とともに、第１回事後チェック及び第２回事後チェックの結果、反社会的勢力と認定された取引２７８件のうち、同年９月末日までに合計で１４９件について取引が解消されたこと（残りは１２９件）が記載されていた。

　甲ＦＧは、平成２４年１月２０日、取締役会を開催し、被告Ｙ２、被告Ｙ４及び被告Ｙ３がこれに出席した。同取締役会では、上記コンプライアンス委員会と同一の資料が配布され、被告Ｙ３から、第２回事後チェックの結果について簡略に報告がされた。同報告に対しては、出席していた取締役より、反社会的勢力との取引の追加認定や同認定に係る取引の増加リスクに関する質問があり、上記被告らから、同取引の削減に向けた取組状況と合わせて質問に対する回答がされた。

（３）第３回事後チェックの結果と甲ＦＧ・甲ＢＫでの共有

　甲ＢＫは、平成２３年１２月２６日、同年９月末日時点における本件キャプティブローンについて事後チェックを行った（以下「第３回事後チェック」という）。

　第３回事後チェックの結果、新たに２５７件が不芳属性先と認定され、うち５６件が反社会的勢力であることが判明した。甲ＢＫコンプライアンス統括部渉外室は、第３回事後チェックの結果を甲ＦＧと共有したが、第１回事後チェック及び第２回事後チェックの結果に大きな問題は見られず、取引解消が順調に進んでいると思われたことや、第３回事後チェックの結果も従前の結果と同様であったことから、甲ＢＫのコンプライアンス委員会や取締役会への報告を行わないこととした。同様に、甲ＦＧのコンプライアンス委員会や取締役会においても、第３回事後チェックの結果は報告されなかった。

（４）その後の事後チェックの結果と甲ＦＧ・甲ＢＫでの共有

　甲ＢＫは、その後も本件キャプティブローンについて６か月間隔で事後チェックを行い、第４回事後チェックの結果においては不芳属性先認定２５０件、うち反社会的勢力認定７２件（平成２４年３月末日時点）、第５回事後チェッ

クの結果においては不芳属性先認定２２２件、うち反社会的勢力認定３９件（平成２４年９月末日時点）、第６回事後チェックの結果においては不芳属性先認定１６８件、うち反社会的勢力認定３７件（平成２５年３月末日時点）と認定された。

　これらの事後チェックの結果は、甲ＢＫのコンプライアンス担当役員に報告されたが、第３回事後チェックの結果と同様、甲ＦＧ及び甲ＢＫの各コンプライアンス委員会及び取締役会において報告されることはなかった。

５．金融庁による行政処分と公表

　金融庁は平成２４年１２月７日から平成２５年３月４日にかけて、甲ＢＫに対する平成２４年度の金融検査（以下、「本件検査」という。）を実施した。

　本件検査において、金融庁の検査官は、甲ＢＫに対し、本件キャプティブローンについて、甲ＦＧデータベースを用いた入口チェックを実施していないことを指摘した。甲ＢＫは、同指摘を踏まえ、平成２５年４月までに、事後チェックによって判明した本件キャプティブローンにおける反社会的勢力との取引について乙に対し保証債務履行請求を実施して、取引の解消を図るとともに、同年１１月以降は、本件キャプティブローンの取引開始時に、甲ＢＫにおいて、甲ＦＧデータベースを用いた入口チェックを導入することとした。

　甲ＢＫは、平成２５年９月２７日、金融庁から本件キャプティブローンについて反社会的勢力との取引が存在することを把握した後も抜本的な対応を行っていなかったこと等を理由として業務改善命令を受け、その旨を公表した。

　その後、甲ＢＫは、第三者委員会を設置して本件キャプティブローンに関し社内調査を実施し、同年１０月２８日、調査報告書を受領するとともに業務改善計画を取りまとめ、金融庁に提出し、その旨を公表した。

　甲ＦＧは、平成２５年１２月２６日、銀行持株会社の子会社である甲ＢＫの業務の健全かつ適切な運営を確保するための態勢の強化等を内容とする業務改善命令を受け、同日、その旨を公表した。また、甲ＢＫも、同日、本件キャプティブローンの新規取引を一定期間停止する業務停止命令や業務改善命令を受けるとともに、その旨を公表した。

　その後甲ＦＧ及び甲ＢＫは、平成２６年１月１７日、金融庁に業務改善計画を提出し、その旨を公表した。

　上記公表を受け、新聞報道等において、「甲銀組員に融資」、「甲繰り返す失態　審査、信販に丸投げ」、「暴力団融資　甲不信収まらず　なぜ放置　説明不十分」、「甲銀　暴力団融資　元副頭取が把握　ＯＢを含め経営責任追及　名ばかり法令順守体制」、「暴力団融資、元頭取に報告　甲、行内に

資料　金融検査時、異なる説明」、「『組織ぐるみ』隠蔽」などの見出し
で、甲ＦＧ及び甲ＢＫを非難する報道が多数された。

Ⅲ、争点

　　本件の争点は多岐に及んでいるが、本稿のメインテーマである「子会社管理」
との関係でいえば、親会社取締役として子会社の内部統制システムの構築及び
構築後の監視にどこまで関与するべきかという点が争点になった。

　　以下、この争点との関係で判旨及び解説を行っていく。

　　なお、以下において特段の留保無く法令及び行政指針を記載したときは、原
告が主張する善管注意義務等違反行為当時のものである。

Ⅳ、一審判決（東京地方裁判所令和２年２月２７日判決）（金融法務事情２１５９号６０頁）

結論：請求棄却

1. 子会社の内部統制システム整備に関する親会社取締役の義務

　　「改正前銀行法５２条の２１第１項は、『銀行持株会社は、その子会社であ
る銀行…（中略）…の経営管理を行うこと並びにこれに附帯する業務のほか、
他の業務を営むことができない。』と、同条の２１第２項は、『銀行持株会社
は、その業務を営むに当たっては、その子会社である銀行の業務の健全かつ適
切な運営の確保に努めなければならない。』とそれぞれ定め、同条の２１の２
第１項は、『銀行持株会社は、その子会社である銀行…（中略）…が行う取引
に伴い、当該銀行持株会社の子会社である銀行…（中略）…が行う業務…（中
略）…に係る顧客の利益が不当に害されることのないよう、内閣府令で定める
ところにより、当該業務に関する情報を適正に管理し、かつ、当該業務の実施
状況を適切に監視するための体制の整備その他必要な措置を講じなければな
らない。』と定めている。

　　こうした規定に鑑みれば、<u>改正前銀行法上、銀行持株会社について、子会社
である銀行の具体的な業務の経営管理は法律上の義務として定められておら
ず、銀行持株会社が行うべき経営管理の内容は、子会社である銀行の株主とし
ての権利行使を通じて、子会社である銀行の業務について基本方針を定めるこ
とや、同銀行の取締役を選任すること、上記の基本方針が遵守されているかを
監督し、必要に応じ是正を求めるというような経営管理業務が想定されていた
ということができる。</u>（傍線は筆者が付記。以下同じ。）

　　そうすると、銀行持株会社である甲ＦＧの取締役である被告らは、本件キャ

プティブローンが反社会的勢力に対する融資になりかねないという点で問題
となり、甲ＢＫから甲ＦＧのコンプライアンス委員会に報告されて被告らが認
識した平成２２年から平成２３年当時、反社会的勢力に対してグループの組織
全体で対応することができるよう、倫理規定や社内規則等の規程を制定すると
ともに、専門の部署を設置するなどして反社会的勢力に対し一元的に対応する
組織体制を整備し、反社会的勢力からの被害を防止するために、甲グループ全
体として顧客の属性判断を行う体制を内部統制システムとして構築する義務、
そしてこれが適正かつ円滑に運用されるように監視する義務を負っていたと
いえる。具体的には、甲ＦＧにおいて子会社の業務に関して反社会的勢力への
対応に関する基本方針を定め、この基本方針が遵守されているかを監督し、必
要に応じて是正を求めることを甲ＦＧの取締役会で決議するなどの義務を負
っていたというべきである。そして、具体的な反社会的勢力排除の方法は種々
考えられるため、このような組織体制の整備に当たっては、取締役の判断に一
定の裁量が認められるべきである。

　そして、甲ＦＧの取締役として被告らは、こうした体制を構築し、同体制が
適正かつ円滑に運用されるように監視し、あるいは子会社の株主として甲ＦＧ
が適切に権利行使するようにさせることによって上記の義務を履行するもの
であり、子会社の業務において上記のグループとしての内部統制システムの円
滑な運用に支障を来すような事情が見受けられないにもかかわらず、子会社で
ある銀行に対して具体的な業務を直接指導するなどの義務を負うことはない
というべきである。」

　この点、甲４３号証（筆者註：「銀行持株会社による子会社管理に関する銀
行法と会社法の交錯－銀行法と会社法の交錯（２）」（岩原紳作著「会社法論
集」））（４６５頁）には、前記の改正前銀行法の規定は、銀行持株会社の場
合、業務やリスク管理等に関して、子会社についてあたかも銀行の一内部部門
であるかのように銀行持株会社がコントロールすることを求めているとし、銀
行持株会社は、グループ全体につき一般の事業会社と比較すればより慎重なリ
スク管理等が求められること、金融コングロマリット監督指針は、銀行法５２
条の２１を具体化したといえる限りでは、銀行持株会社に対する取締役の会社
法上の義務をも示す意義を有していること、同条文も、取締役の法令順守義務
（会社法３５５条）を介して、取締役の任務懈怠責任の根拠になると考えられ
ることとする学者の見解があることが認められる。

　もっとも、前記のとおり、改正前銀行法の規定も、銀行持株会社について子
会社である銀行の経営管理を法律上の義務として定めるものではなく、その内
容としても、子会社である銀行の業務について一般的な方向付けを行い、これ

を監督するという抽象的な経営管理業務が想定されていたといえる。つまり、改正前銀行法は、銀行持株会社に対して、一般的に、子会社である銀行の個別の取引関係等について具体的に指揮命令を行うなどのことまでを求めるものではなかったというべきである。

　また、金融庁が公表した金融コングロマリット監督指針も、コンプライアンス体制の整備における監督上の着眼点を示すにすぎず、具体的な反社会的勢力の排除の取組については、取引を行う金融機関に一定の裁量の余地を認めており、同監督指針をもってしても、銀行持株会社による子会社銀行への具体的な指揮命令が根拠付けられるものでもない。

　加えて、乙56号証（筆者註：平成27年12月22日付「金融審議会金融グループを巡る制度のあり方に関するワーキング・グループ報告〜金融グループを巡る制度のあり方について〜」）（5頁）によれば、平成28年銀行法改正に当たって作成された金融審議会（金融グループを巡る制度のあり方に関するワーキング・グループ）の報告書においては、金融グループの経営管理のあり方を考えるに当たっては、会社法や銀行法による規制等との関係で、銀行持株会社は、子会社である銀行の株主としての権限を有するが、同銀行の取締役等に対し、具体的に指揮命令する権限を有しておらず、このため銀行持株会社が子会社である銀行に対して指揮命令を行い得ることを制度的に担保する必要性は指摘されたものの、金融グループについてのみ通常の事業会社と異なる規律を及ぼすだけの特別なニーズがあるかという点、銀行持株会社と子会社である銀行とは法人格を異にすること、同銀行の少数株主や債権者が存在すること、一定の部分に特則を設けた場合に会社法の体系全体との間で整合性を確保できるかといった点から、引き続き検討することが適当であるとされたことが認められる。

　そうすると、前記の学者の見解は、平成28年銀行法改正時の金融審議会における検討でも採用されてはいない。同見解があるからといって、本件当時において、被告らが、銀行持株会社である甲ＦＧの取締役として、子会社である銀行の業務やリスク管理等に関して、あたかも銀行の一内部部門であるかのように銀行持株会社がコントロールすることが銀行法上求められており、銀行持株会社の取締役もそのような会社法上の義務を負っていると解することはできない。」
としたうえで、甲ＦＧにおいてとられていた内部統制システムが当時の他のメガバンクにおけるものとおおむね同様であったことなどを理由に「以上によれば、甲グループとしての反社会的勢力防止のための内部統制システムの構築は相当なものであり、被告らが同構築義務に違反するところはないというべき

である。」と判示した。

内部統制システムの監督・是正義務について

　本件キャプティブローンが反社会的勢力との取引によって弊害が生じるリスクが小さかったことや本件サンプルテストにおいても反社会的勢力との取引が他の取引と比較して突出して多いとはいえなかったこと、反社会的勢力との取引が順次解消されていたことなどを理由に「本件キャプティブローンにおける反社会的勢力との取引数やその割合は、甲ＦＧにおいて構築した内部統制システムを直ちに是正しなければならないような状況にあったとまではいうことができない。」と判示した。

　「原告らは、被告らが、甲ＦＧの取締役として、反社会的勢力との新たな取引の発生を防止するための体制構築をする義務があったとし、具体的には、乙に甲ＦＧデータベースを用いた入口チェック体制を構築させるとともに、事後チェックの結果をモニタリングし、不断の見直しをすることでチェック体制を強化する体制を構築する義務があったものの、被告はこれを怠った（任務懈怠①）旨主張する。

　しかしながら、前記説示のとおり、被告らには、甲ＦＧの取締役として、反社会的勢力に対し、一元的に対応する組織体制を整備し、反社会的勢力からの被害を防止するために、甲グループ全体として属性判断を行う体制を内部統制システムとして構築する義務、そしてこれが適正かつ円滑に運用されるように監視する義務はあるといえるものの、これを超えて、関連会社ではあったとはいえ、別会社である乙に対し、原告らが主張するように、子会社である甲ＢＫに強いて、甲ＦＧデータベースを用いた入口チェック体制を構築させる義務があったとまでいうことはできない。

　また、原告らが主張する事後チェックの結果のモニタリングに関しても、前記認定説示によれば、甲ＦＧないし甲ＢＫは、これを行っていたといえる。そして、事後チェックの結果において、不芳属性先や反社会的勢力との取引数や本件キャプティブローン取引数全体に占める割合に大きな変化がなく、反社会的勢力と認定された取引も順次解消されていた以上、被告らに、当時の体制以上に属性チェックの体制を強化する義務が生じていたということもできない。」

２．反社会的勢力への融資発覚後の対応の是非について

　「銀行持株会社の甲ＦＧの取締役である被告らに求められる体制構築義務、監視・是正義務に加え、前記認定の本件経緯にも鑑みれば、被告らにおいて、子会社である甲ＢＫに対し、本件キャプティブローンにおける反社会的勢力と

の取引に関して、具体的な取引解消のための措置、つまり、保証債務履行請求を行い、代位弁済をさせることを甲ＦＧの取締役会で決議する義務を負担していたとまで認めることはできない。

もちろん、前記認定事実によれば、甲ＢＫは、金融庁の検査官から指摘されたことを踏まえ、業務改善命令の後、直ちに乙に対して保証債務履行請求を行い、平成２５年４月までに本件キャプティブローンにおける反社会的勢力との取引を解消しており、このような措置を取ることも不可能であったというわけではない。

しかし、グループ内で代位弁済を行ったとしても、グループ全体でみれば、反社会的勢力排除の抜本的解決につながらない。その上、前記認定の経緯にも鑑みれば、上記のような保証債務履行請求が手段として可能であったからといって、このことから被告らが甲ＦＧの取締役としての義務に違反したということもできない。やはり上記判断は左右されない。」

３．結論

以上によれば、被告らに、本件に関し、原告ら主張の善管注意義務違反は認められない。

Ⅴ、控訴審判決（東京高等裁判所令和３年９月２２日判決）

結論：控訴棄却（請求棄却）

１．甲ＦＧの取締役が甲ＢＫの反社会的勢力の排除に対してどのような義務を負っているか。

「甲ＦＧのような銀行持株会社は、子会社である銀行の経営管理及びこれに附帯する業務を行う会社であり、コンプライアンスの遵守に係る経営管理については、銀行持株会社において、グループ内会社の統括管理、適切な監視と対応を行うことが求められている。

以上のことから、甲ＦＧと甲ＢＫでは、反社会的勢力との関係遮断の取組が不十分であると評価された場合に予期される社会的非難及びこれにより生じる有形無形の損害を被るリスクも、コンプライアンスリスク管理の一つとして認識されていたと認められる。」

「甲ＦＧ及び甲ＢＫの取締役としては、自らが行う反社会的勢力との関係遮断の取組が、政府指針、監督指針等の趣旨に沿うものであるか、グループ内で定めた基本方針に沿うものであるか、その取組を行うこと又は行わないことが、反社会的勢力との関係遮断に向けた取組として不十分であると評価されて

社会的非難を浴び、企業としての評判を落とすおそれを招かないかなどの点に留意して対応を図る必要があるということができる。

　甲ＦＧと甲ＢＫ等の傘下の子会社との間には、上記関係性があるものの、それぞれで取締役が選任されている別法人であり、銀行法上又は会社法上、親会社である甲ＦＧの取締役が、子会社である甲ＢＫ等が行う経営について、甲ＢＫ等の取締役や業務部門に対し、直接具体的な指揮をする権限があることを定めた規定はない。また、金融庁が示した金融コングロマリット監督指針は、銀行持株会社等の取締役及び取締役会がグループ全体の法令遵守に関し、誠実かつ率先して取り組んでいる点などを同監督上の評価項目ないし着眼点としているが、同指針の性格に照らしても、上記着眼点を含む同指針自体から、親会社である甲ＦＧ取締役に、甲ＢＫ等に対する上記直接的な指揮権限があることを導き出せるものでもない。

　このように、親会社の取締役である甲ＦＧ取締役が、子会社である甲ＢＫの経営に関与する手法には一定の制約があり、甲ＦＧ取締役が行い得る手法としては、甲ＦＧ取締役会の一員としてグループ全体の経営の基本原則の決議に参画し、設置された担当部署を通じて子会社の経営状況を把握し、管理し、必要な対応をすること（内部統制システムの構築とその運用）、把握した情報によれば子会社において、基本原則に沿った経営が行われていない状況が見られるなど、子会社の更なる取組を要する状況が認められるのであれば、情報交換等の機会を通じて子会社と問題意識を共有して、対応指針の検討を促したり、甲ＦＧ取締役会で甲ＢＫに更なる取組を促す旨の決議をすることなどが考えられる。」

　「銀行持株会社である甲ＦＧの経営を担う同社の取締役としては、政府指針だけではなく同社自身がコンプライアンス規定等で定めた反社会的勢力との関係遮断の方針を、グループ会社が反社会的勢力と取引関係を持つことを未然に防ぎ、取引関係があったことが判明した場合には速やかにこれを解消することによって実現するため、①反社会的勢力に対してグループの組織全体で対応することができるよう、倫理規定や社内規則等の規定を制定するとともに、専門の部署を設置するなどして反社会的勢力に対し一元的に対応する組織体制を整備し、反社会的勢力からの被害を防止するために、甲グループ全体として顧客の属性判断を行う体制を内部統制システムとして構築する義務、②コンプライアンス遵守に関しては、グループ内のコンプライアンス遵守状況を一元的に把握・管理する甲ＦＧコンプライアンス統括部において、①で構築された内部統制システムが適正かつ円滑に運用されるように把握、管理し、更なる取組を必要とする状況があるのであれば、その状況に応じて、情報交換等の機会を

通じて甲ＢＫと問題意識を共有して、対応方針の検討を促したり、甲ＦＧ取締役会で甲ＢＫに更なる取組を促す旨の決議をする（個々の取締役としては、取締役会においてそのような決議に向けた議論をしていく）義務があるというべきである。」

２．更なる取組を必要とする状況にあったか。

「第３回事後チェック以降は、社内規程によれば、本来は甲ＢＫの頭取、コンプライアンス委員会、取締役会に報告される必要があるにもかかわらず、上記報告が行われなかった。この点、甲ＢＫコンプライアンス統括部は、第１回、第２回の事後チェックの結果、新たな反社会的勢力との取引が確認され、未解決取引件数は下げ止まりの状態で、反社会的勢力との取引は抜本的に減少していなかったのであるから、この状況を問題視して然るべきであるのに、反社会的勢力との取引解消が進んでいると評価してこれを問題視せず、新たな取組への着意もなかった。」

「第１回事後チェックの結果、２２８件という、相当数の反社会的勢力との取引が含まれることが確認され、その結果は乙に還元され、乙データベースに登録されたものの、第２回事後チェックによっても新たな反社会的勢力との取引が生じており、未解決件数は下げ止まりの状態にあることが確認されたというように、事後チェックの実施とこれにより判明した反社会的勢力認定先情報の乙への還元という対応のみによっては、本件キャプティブローンに含まれる反社会的勢力との取引が抜本的に減少することはなかった。

このような事後チェック結果及び・・・反社会的勢力との関係遮断の社会的要請の高まり等を踏まえると、遅くとも、事後チェック結果が乙に還元されてもなお新たな反社会的勢力との取引が相当数生じており、未解決件数も下げ止まりの状態にあったことが判明した第２回事後チェックの結果を踏まえ、甲ＢＫにおいて、平成２２年５月に甲ＦＧと甲ＢＫの経営会議や取締役が決定していた前記方針、同年７月に甲ＢＫにおいて決定していた前記方針に基づき、甲ＦＧのデータベースを用いた入口チェックの導入等の、属性チェックの段階的拡大に向けた課題の洗い出しや課題解決に向けた対応策等について、具体的かつ明確な検討を開始すべき状況になっていた。」

「乙との折衝を担う甲ＢＫコンプライアンス統括部は、平成２２年１１月と平成２３年５月の乙担当部との協議の結果、甲ＦＧデータベースを用いた入口チェックの導入可否等、経営陣から示されていた今後の検討課題について見通しが立たない状況となっていたのに、この事態を打開するための課題の洗い出しや、課題解決に向けた対応策を検討することはなかった。のみならず、経営

陣への課題取組の報告も、時期を追って曖昧となり、簡略化され、ついには社内規程に定められた報告もされなくなり、第1回、第2回事後チェック結果について、反社会的勢力との取引解消が進んでいるという誤った評価をしていた。

遅くとも、第2回事後チェック結果が判明した時点で、甲BKは、平成22年5月及び7月に決定した方針に基づき、本件キャプティブローンにおける反社会的勢力との取引の防止と解消に向け、より積極的な取組に向けた検討を行うことが求められる状況にあったが、担当部署である甲BKコンプライアンス統括部から、そうした取組への発案等もなかったのであるから、甲BKとしては、同部が、反社会的勢力との取引の防止と解消に向け、課題の洗い出しや課題解決に向けた対応策の検討等について、具体的かつ明確に検討を進めるように指示することはもとより、同部任せにするのではなく、関係部署も一体となって、新たな取組に着手すべき状況にあったと認められる。」

「甲FGとしても、遅くとも、甲FG取締役会に第2回事後チェックの結果が報告された平成24年1月には、甲BKによる現状の取組だけでは、反社会的勢力との取引の防止と解消の効果は限定的であることから・・・平成22年5月に甲FG及び甲BKの取締役会や経営会議で整理された上記方針に基づき、本件キャプティブローンにおける反社会的勢力との取引の防止と解消に向け、より積極的な取組に向けた検討を行うことが求められる状況にあったことを認識することができたといえる。

そして、甲BKでは、・・・第2回事後チェックの結果を受けても上記積極的な取組に向けた動きは見られず、問題意識すら欠けていたのであるから、甲FGは、遅くとも、甲FG取締役会に第2回事後チェックの結果が報告された平成24年1月ころには、甲BKに対し、コンプライアンス統括部任せにするのではなく、関係部署も一体となって積極的な取組に着手するよう促すべき状況にあったといえる。」

3．被控訴人ら（筆者註：被告役員ら）の主張に対して。

「（反社会的勢力との取引の割合が甲BKの一般与信取引と大きく異ならなかったことや本件キャプティブローンの特殊性（甲BKは一度も顧客と対応せず、取引が比較的短期間で終了する等）等からすると甲FGにおいて直ちに対応を取ることが求められる状況にはなかったとの被控訴人らの主張に対して）本件キャプティブローンも、法的には、甲BKから顧客に対する債権（自行債権）であることに変わりがない以上、本件キャプティブローンの特徴を踏まえても、属性チェックの水準を甲BKの一般与信取引と同じレベルにまで引き上

げる努力をすべきであり、このことは、平成21年3月に取得した本件弁護士意見も甲FGとしての経営管理上の留意点として指摘するとことである。また、事後チェック結果についても、一般与信取引における割合と比較して割合の差が大きいとはいえないものの、本件キャプティブローンの方が反社会的勢力との取引が認定される割合が高く、第2回事後チェック以降も新たな反社会的勢力との取引（甲FGデータベースを用いた入口チェックをすれば回避することができたもの）が生じていることからすれば、これらの事後チェック結果が問題のないものであったと評価することはできない。さらに、第1回、第2回事後チェックの結果によれば、未解決数が下げ止まりの状態であった以上、取引終了までの期間が短いからといって、対応強化の必要がなかったと評価することはできない。そして、反社会的勢力との取引遮断の社会的要請が、本件で問題となる平成22年から平成25年頃に高まりを見せていたことは、・・・説示したとおりである。」

「以上によれば、被控訴人らの上記主張は、採用できない。」

4．被控訴人らに善管注意義務違反があったか。

「（控訴人が主張する①チェック体制を強化する体制を構築する義務や②反社会的勢力との取引を解消する義務があったかについて）甲FG及び甲BKは、乙の関連会社化に当たり、乙が与信審査等の顧客業務を行い、甲BKは顧客を選択できず、接触することもないという本件キャプティブローンの特徴を踏まえ、平成22年5月に、それぞれの経営会議、取締役会で、甲FGデータベースを利用した不芳属性先対応として本件キャプティブローンの事後チェックを開始し、以後段階的に領域を拡大するとの方針を整理し、決定しているものの、この方針は、あくまで段階的な強化であって、乙の関連会社化に当たり、直ちに甲FGデータベースを用いた入口チェックを導入すべきであるというものではない。

また、乙が与信審査に当たり、乙のデータベースではなく、甲FGデータベースを用いるとなれば、それまでのデータとの整理や統合、導入に要する時間及び費用、導入により生じる営業上の課題等の様々な課題を洗い出し、その解決方法を、乙との協議によって検討し、解決をする必要がある。乙は、甲BKの完全子会社となったわけではなく、持分法適用会社である関連会社になったにすぎないから、乙には独自の経営判断が存するところであり、甲BKないし甲FGが、自社の方針を乙に強制することができるものではない。また、みずほFG及び甲BKのコンプライアンス基本方針細則（反社会的勢力関係）は、狭義の反社取引について、対象取引を解消する方針で対応することを定めてい

るが、こうした方針で対応することについて、そのための諸課題を検討する必要もある。」

「最終的な方向性を実現しようとしても、自ずと、乙との協議や調整が必要であり、直ちにこれを実現できるというものではない。」

「親会社取締役の子会社事業への関与には一定の制約があることに加え、それまでの乙との協議・交渉の状況を含む本件属性チェック構築の経緯等に照らすと、甲ＦＧの取締役として負う義務は、甲ＢＫにおいて、甲ＢＫコンプライアンス統括部任せにするのではなく、関係部署も一体となって、本件キャプティブローンに係る入口チェック及び反社取引解消策を含めた課題の洗い出しや、課題解決に向けての具体的な対応を検討するよう、甲ＢＫとの情報交換等の機会を通じて問題意識を共有するなどして、上記対応方針の検討を促したり、甲ＦＧ取締役会で甲ＢＫに上記対応を検討するよう決議する（個々の取締役としては、取締役会においてそのような決議に向けた議論をしていく）ことにとどまるというべきである（もっとも、前述した、甲ＢＫ、同担当部署及び担当役員の本件キャプティブローンにおける反社会的勢力への対応に関する姿勢や取組状況等からすると、甲ＢＫには、更なる取組を必要とする状況にあったことの認識や、その取組を必要とする背景事情についての理解は浸透しておらず、こうした状況の中、みすほＦＧの個々の取締役が上記義務に沿った行動をとったことにより、甲ＦＧと甲ＢＫとの間でどのように問題意識が共有されたか、甲ＢＫの取組姿勢がどのように変わったか、金融庁による行政処分等を回避できる状況にまで至ったか否かは明らかではない。

したがって、控訴人らが主張するような、甲ＢＫをして、乙に甲ＦＧデータベースを用いた入口チェック体制を構築させるとともに、事後チェックの結果をモニタリングし、不断の見直しをすることでチェック体制を強化する体制を構築する義務（任務懈怠①）、乙に対して保証債務履行請求を行い、代位弁済をさせることにより反社会的勢力との取引解消をさせる義務（任意懈怠②）があったとまで認めることはできない。」

VI、検討

1．親会社取締役の子会社管理義務の有無

（1）問題の所在

取締役が善管注意義務の一貫として、会社のリスク管理体制（内部統制システム）を整備する義務を負っていることについては、今日においてほぼ争いの無いところである。

大和銀行株主代表訴訟における大阪地裁平成１２年９月２０日判決（判例時報１７２１号３頁、判例タイムズ１０４７号８６頁）も次のとおり述べて取締役の内部統制システム構築義務を肯定する。「健全な会社経営を行うためには、目的とする事業の種類、性質等に応じて生じる各種のリスク、例えば、信用リスク、市場リスク、流動性リスク、事務リスク、システムリスク等の状況を正確に把握し、適切に制御すること、すなわちリスク管理体制が欠かせず、会社が営む事業の規模、特性等に応じたリスク管理体制（いわゆる内部統制システム）を整備することを要する。そして、重要な業務執行については、取締役会が決定することを要するから（商法２６０条２項）（筆者註：当時の条文）、会社経営の根幹に係わるリスク管理体制の大綱については、取締役会で決定することを要し、業務執行を担当する代表取締役及び業務担当取締役は、大綱を踏まえ、担当する部門におけるリスク管理体制を具体的に決定するべき職務を負う。この意味において、取締役は、取締役会の構成員として、また、代表取締役又は業務担当取締役として、リスク管理体制を構築するべき義務を負い、さらに、代表取締役及び業務担当取締役がリスク管理体制を構築すべき義務を履行しているか否かを監視する義務を負うのであり、これもまた、取締役としての善管注意義務及び忠実義務の内容をなすものと言うべきである。」。そして、この判断は後のダスキン株主代表訴訟（判例タイムズ１２１４号１１５頁、判例時報１９７９号１１５頁）等においても踏襲されている。

　ところが、親会社取締役がどの程度子会社の内部統制システムに関与するべきかについては一義的には明らかではない。親子会社の法人格の相違を強調するのか、それとも親子会社を一体のものと見るべきかによって考え方が異なるところである。

　本訴訟はこの点が争われた。

（２）かつての議論

　かつて、学説・判例上は親会社と子会社では法人格が異なることから、親会社取締役の子会社の内部統制システムの構築義務及び監視義務を消極的に考える見解が主流であったと思われる。

　例えば、東京地方裁判所平成１３年１月２５日判決（判例時報１７６０号１４４頁）は、「親会社と子会社（孫会社も含む）は別個独立の法人であって、子会社（孫会社）について法人格否認の法理を適用すべき場合の他は、財産の帰属関係も別異に観念され、それぞれ独自の業務執行機関と監査機関も存することから、子会社の経営についての決定、業務執行は子会社の取締役（親会社の取締役が子会社の取締役を兼ねている場合は勿論その者も含めて）が行うものであり、親会社の取締役は、特段の事情のない限り、子会社の取締役の業務

執行の結果子会社に損害が生じ、さらに親会社に損害を与えた場合であっても、直ちに親会社に対し任務懈怠の責任を負うものではない。もっとも、親会社と子会社の特殊な資本関係に鑑み、親会社の取締役が子会社に指図をするなど、実質的に子会社の意思決定を支配したと評価しうる場合であって、かつ、親会社の取締役の右指示が親会社に対する善管注意義務や法令に違反するような場合には、右特段の事情があるとして、親会社について生じた損害について、親会社の取締役に損害賠償責任が肯定されるとされる。」と判示した。

（3）持株会社の解禁

平成９年に独占禁止法改正により持株会社が解禁になり、「株主権の縮減」への対応策として親会社による子会社管理の必要性が強く要請されるようになった。

とりわけ純粋持株会社の取締役は、原則として対外事業を行わず他の子会社を支配・統括管理することがその機能となるため子会社の経営管理に積極的に関与することが求められるようになった。

そのため、上記東京地方裁判所平成１３年１月２５日判決はもはや維持されていないとの指摘もある（平成２４年５月１６日開催の法制審議会会社法制部会第２０回会議議事録２６頁藤田友敬幹事の「東京地判平成１３年１月２５日ですが、今後も、裁判になれば、被告は、当然こういう主張をするでしょう。そういう解釈は、今の会社法ではもう生きていないのだと、持株会社化が進んだ今日、そういう解釈論はそのままは維持されていないのだということは、確認されたほうがいい気がします。」との発言）※1。

※1　https://www.moj.go.jp/content/000099708.pdf

（4）会社法の規定

　平成１７年会社法制定において、新たに会社内における内部統制システムの設置についての規定が設けられ（会社法第３４８条第３項第４号、同第５項）、これを受けて会社法施行規則では当該会社並びにその親会社及び<u>子会社からなる企業集団における業務の適正を確保する体制の整備</u>がこれに含まれることになった（会社法施行規則第９８条第１項第５号、同第１００条第１項第５号）。

　そして親会社監査役は、その職務を行うに際して必要があるときは子会社に対して事業の報告を求め、または子会社の業務・財産の状況を調査することができ（会社法第３８１条第３項及び同法第９７６条第５号）、子会社は調査が権限濫用である等正当な理由があるとき以外はその報告・調査を拒むことができない（会社法第３８１条第４項）とされており、親会社取締役に対して子会社の経営に積極的に関与することが求められるようになる。

　また平成２６年会社法改正においては、親会社取締役による子会社監督義務について明文の規定を置くことについては見送られたものの、企業集団の業務の適正を確保するための体制の整備に関する決定の義務が法律の規定に格上げされた（会社法第３６２条第４項第６号等）。

（5）福岡魚市場株主代表訴訟

　内部統制システム構築義務とは少し異なるが、親会社取締役の子会社への監視義務等が争われた事案として、福岡魚市場株主代表訴訟が存在する。これは「グルグル回し取引」と称される不適正な取引による不良在庫を抱えて経営が破たんした子会社（フクショク）への融資を行った親会社（福岡魚市場）取締役の善管注意義務等違反の有無が問題となった事案である。

　親会社取締役について、「従前のような一般的な指示をするだけでなく、自ら、あるいは、福岡魚市場の取締役会を通じ、さらにはフクショクの取締役等に働きかけるなどして、個別の契約書面等の確認、在庫の検品や担当者からの聴き取り等のより具体的かつ詳細な調査をし、又はこれを命ずべき義務があった」として、この義務を怠ったことに親会社取締役の善管注意義務違反を認めた原審の判断（福岡地方裁判所平成２３年１月２６日判決（金融・商事判例１３６７号４１頁））を是認している（福岡高等裁判所平成２４年４月１３日判決（金融商事判例１３９９号２４頁））。

　この事案では被告役員が子会社の役員も兼務していたことや「被告らがグルグル回し取引を行うこと自体に積極的に関与又はこれを承認していた可能性を全く否定し去ることはできない」とまで認定されているなど特殊な事案であることは否定できない。

　そして、この判決によっても親会社取締役に子会社の管理義務を一般的に認めたものであるとまでは評価できない。

　もっとも、親会社取締役として違法な取引に関与していなかったとしても、在庫数の増加や公認会計士からの指摘等不正の兆候が窺われた段階では「具体的かつ詳細な調査」を求めている点で従来の判例よりは踏み込んで子会社への監視義務を認めていると評価できる。

（6）学説

　学説のなかにも、「資産管理義務論」（子会社は親会社にとっては「資産」であるから、その資産を管理することは親会社取締役の義務であるとする説）を根拠に親会社取締役による子会社管理義務を認める見解がある。具体的には、「上位会社にとっては、下位会社の株式も自らの資産である。その資産を活用してさまざまな態様で自社（＝上位会社）の利益の増大を図ることは、機械設備、不動産その他自らが保有する他の資産を活用することと同様に重要であるといえよう。したがって、自社の保有する、資産としての下位会社株式を、その有する下位会社への影響力まで含めて活用することによって、その価値を高め、あるいはその価値を保全することが、上位会社業務執行者の義務として認められるべきである。」との見解がある。（舩津浩司著「『グループ経営』の義務と責任」（株式会社商事法務）１５８頁）。

２．銀行持株会社取締役が子会社管理について負うべき義務の内容

（1）銀行法の規定

　上記の持株会社解禁を受けて、平成２８年改正前銀行法（以下、銀行法の条文を引用する際は特段の留保ない限り平成２８年改正前のものとする。）第５２条の２１第１項は、<u>「銀行持株会社は、その子会社である銀行・・・特例子会社対象会社の経営管理を行うこと並びにこれに附帯する業務のほか、他の業務を営むことができない。」</u>と規定し、また同第２項は銀行持株会社は、<u>子会社である銀行の健全かつ適切な運営の確保に努めなければならない</u>と規定する。

（2）金融コングロマリット監督指針

　金融コングロマリット監督指針においては、「金融コングロマリットにおける持株会社等の経営管理会社は、グループ全体としての適切な経営管理の態勢構築・遂行に責任ある役割を果たさなければならない。」として銀行持株会社が子会社の会社経営の健全性確保のために責任ある役割を果たすことを求めている。

　そのうえで、取締役及び取締役会は<u>「グループ全体の内部管理態勢の確立の</u>

ために適切に機能を発揮しているか。」（Ⅱ－1（1）⑤）、

「担当取締役は<u>グループにおける</u>リスクの所在及びリスクの種類を理解し」ているか（同⑥）といったことが検証の対象となっている。

また、経営管理会社に、「グループ全体の内部管理態勢を評価する内部監査部門が整備されているか」というようにグループ全体にわたる監査態勢が構築されているかといった項目も検証の対象となっている（Ⅱ－1（3））。

さらに、「Ⅱ－3　業務の適切性」に関する監督にあたっては、経営管理会社の取締役が経営管理会社のみならず「グループ内会社の法令等遵守態勢の構築に取り組んでいるか」、経営管理会社に「グループ内会社の法令等遵守態勢を適切に監視することとしているか。」が検証の対象とされ（（1）①及び③）、反社会的勢力への対応については、「<u>グループ</u>として<u>適切な対応ができる体制が整備されているか」が検証の対象となっている（同⑧）</u>。

主要行等向け監督指針においても、銀行持株会社に「子会社の業務の健全かつ適切な運営の確保に努めなければならない。」と定めている。

（3）銀行法、会社法、及び金融コングロマリット監督指針等の政府指針から導かれる銀行持株会社取締役の子会社管理義務（岩原紳作教授の見解）

上記銀行法の規定及び金融コングロマリット監督指針は、銀行持株会社と子会社を一体のものとして把握しているといえる。

これらの規制の背景にあるのは、「同じ金融グループに属している会社は、たとえ法人格が異なっていたとしても、外部からは一体のものとして見られるし、実際にも一体的な経営が行われており、かつ行われる必要があるという考えである。」とされている（「銀行持株会社による子会社管理に関する銀行法と会社法の交錯－銀行法と会社法の交錯（2）（岩原紳作著「会社法論集」（商事法務））451頁）。

そのうえで岩原紳作教授は、同465頁において、前記の改正前銀行法の規定は、銀行持株会社の場合、業務やリスク管理等に関して、「子会社についてあたかも銀行の一内部部門であるかのように銀行持株会社がコントロールすることを求めている。」とし、「銀行持株会社は、グループ全体につき、一般の事業会社と比較すればより慎重なリスク管理等が求められる。金融コングロマリット監督指針は、銀行法52条の21を具体化したといえる限りでは、銀行持株会社に対する取締役の会社法上の義務をも示す意義を有していると思われる。」「同条も、取締役の法令順守義務（会社法355条）を介して、取締役の任務懈怠責任（同法423条1項）の根拠になるものと考えられる」としている。

３．第一審判決及び控訴審判決の考え方

（１）親会社取締役が子会社の内部統制システムにどこまで関与すべきか

　　第一審は、子会社にとって親会社は単なる株主であると捉えており、親会社は、「株主としての権利行使を通じて、子会社である銀行の業務について基本方針を定めることや、同銀行の取締役を選任すること、上記の基本方針が遵守されているかを監督し、必要に応じ是正を求める」ことで足りると考えている。そのうえで、「子会社の業務において上記のグループとしての内部統制システムの円滑な運用に支障を来すような事情が見受けられないにもかかわらず、子会社である銀行に対して具体的な業務を直接指導するなどの義務を負うことはない」と考えている。

　　控訴審判決も基本的には第一審判決と同様の考えに立つものと考えられ、「親会社の取締役である甲ＦＧ取締役が、子会社である甲ＢＫの経営に関与する手法には一定の制約があり、甲ＦＧ取締役が行い得る手法としては、甲ＦＧ取締役会の一員としてグループ全体の経営の基本原則の決議に参画し、設置された担当部署を通じて子会社の経営状況を把握し、管理し、必要な対応をすること（内部統制システムの構築とその運用）、把握した情報によれば子会社において、基本原則に沿った経営が行われていない状況が見られるなど、子会社の更なる取組を要する状況が認められるのであれば、情報交換等の機会を通じて子会社と問題意識を共有して、対応指針の検討を促したり、甲ＦＧ取締役会で甲ＢＫに更なる取組を促す旨の決議をすることなどが考えられる。」と判示する。

　　このように、第一審判決及び控訴審判決ともに親子会社が別法人であることを前提として、「子会社の業務において上記のグループとしての内部統制システムの円滑な運用に支障を来すような事情」や「更なる取組を要する状況」等が無い限り親会社取締役が子会社の内部統制システムに積極的に関与する必要は存在しないと考えているようである。

　　すなわち、第一審判決及び控訴審判決ともに親会社取締役の子会社に対する一般的な管理義務については否定的に考えているといえる。

（２）金融コングロマリット監督指針等の政府指針について

　　金融コングロマリット監督指針等の政府指針に共通することは、銀行持株会社は単に子会社の株主として子会社の業務についての基本方針を定めること等の関与では足りず、進んで子会社の経営の健全性確保に向けて積極的に関与することを銀行持株会社に求めているといえる。

　　第一審判決は、「金融庁が公表した金融コングロマリット監督指針（認定事実（２））も、コンプライアンス体制の整備における監督上の着眼点を示すに

すぎず、具体的な反社会的勢力の排除の取組については、取引を行う金融機関に一定の裁量の余地を認めており、同監督指針をもってしても、銀行持株会社による子会社銀行への具体的な指揮命令が根拠付けられるものでもない。」と判示する。

確かに、金融コングロマリット監督指針や主要行等向けの総合的な監督指針は、直接的には金融機関を名宛人とする法令とは異なる。

しかし、金融庁が上記の指針を公表することにより、金融庁はこれらの指針の内容に従って、各金融機関がそれぞれの規模や特性に応じた方針、内部規定等を策定し、金融機関の業務の健全性と適切性の確保を図ることを期待しているというべきである。

そして、監督指針に定められた態勢の整備に問題があると認められた場合には、銀行法第２４条、同法第２６条、及び同法第２７条に基づく行政処分が予定されている。金融機関が上記行政処分を受けることは、当該金融機関のレピュテーションに重大な影響を及ぼす。のみならず、業務停止命令が出された場合には新規の貸付が一定期間できなくなるなど経済的不利益も大きくなる。

このことからすれば、上記政府の指針を「単なる政府内部における監督上の着眼点」としか評価しない第一審判決の論理は疑問である。

（３）反社会的勢力への融資発覚後の対応（第一審判決）

甲ＦＧの取締役会において、本件キャプティブローンにおいて反社会的勢力への融資が含まれていることが判明した後も、甲ＦＧ内部において、内部統制システムを見直したり乙に代位弁済を求めるといった処理について真剣に議論された形跡が窺われない。

第一審判決も認定するとおり、甲ＢＫは金融庁からの指摘を受けて数か月後には、事後チェックによって判明した本件キャプティブローンにおける反社会的勢力との取引について乙に対し保証債務履行請求を実施して、取引の解消が図られている。すなわち、わずか数か月でできることを数年間にわたり行わずに放置していたのである。

この点について第一審判決は、「グループ内で代位弁済を行ったとしても、グループ全体でみれば、反社会的勢力排除の抜本的解決につながらない。」と判示する。親会社取締役の子会社への内部統制システムへの関与の場面では親子会社の法人格の違いを強調しているのに対して、反社会的勢力への融資発覚後の対応については、一転して法人格の相違を無視してグループ全体での反社会的勢力排除を検討する第一審判決の論理には疑問を禁じ得ない。

この点を措いたとしても、本件キャプティブローンにおいて、反社会的勢力への融資が含まれていることを放置すれば、新たな反社会的勢力への融資が日

々発生することは不可避である。そしてこのことは第1回事後チェックの結果を聞いた被告役員らも当然に知悉していたはずである。ところが第一審判決は、日々新たに反社会的勢力への融資が発生しているということについて考慮した形跡が窺われない。

　このように、反社会的勢力への融資発覚後も何らの措置もとらず事態を拱手傍観した取締役らの対応を不問にする第一審判決の論理には疑問がある。

（4）反社会的勢力への融資発覚後の対応（控訴審判決）

ア．控訴審判決の論理

　上述したとおり、控訴審判決は「子会社の更なる取組を要する状況が認められる場合」に限定して情報交換や対応方針の検討、親会社での更なる取組を促す旨の決議を行うことなどに留まる。

　そのうえで、本件キャプティブローンにおける反社会的勢力への融資が下げ止まりの状況にあったことや甲ＦＧの取締役らにもこのことが報告されていたことなどを理由に、遅くとも平成24年1月ころには「更なる取組」を必要とする状況であったと判示した。そのうえで、甲ＦＧにおいて直ちに対応するべき状況ではなかったとの被控訴人らの主張を「採用できない。」としている。

　とすれば、控訴審判決の論理に従う限り、甲ＦＧの取締役らが「更なる取組」を行っていない本件においては被告役員らの善管注意義務等違反が肯定されそうである。

　しかし控訴審判決は、結論としては、控訴人が主張する善管注意義務（①チェック体制を強化する体制を構築する義務や②反社会的勢力との取引を解消する義務）違反があったとまでは認めることができないとして、控訴人の控訴を棄却している。

イ．控訴審判決の論理の不可解さ

　控訴審判決が甲ＢＫにおける反社会的勢力への融資を甲ＦＧの取締役らが把握した後の状況について、「平常時」とは異なると認定したことについては、第一審判決よりも踏み込んだ判断であり、評価できるところである。

　この控訴審判決の認定のように、本件では「更なる取組を必要とする状況があった」のであれば、甲ＦＧの取締役らには、「情報交換等の機会を通じて甲ＢＫと問題意識を共有して、対応方針の検討を促したり、甲ＦＧ取締役会で甲ＢＫに更なる取組を促す旨の決議をする（個々の取締役としては、取締役会においてそのような決議に向けた議論をしていく）義務がある」はずである。

　そして、本件では何ら上記「更なる取組」に向けた措置が講じられていない。それどころか第3回事後チェックの結果以降は甲ＢＫのコンプライアンス担当役員止まりになっており、甲ＦＧ及び甲ＢＫの取締役会に報告されないよう

になっている。

とすれば、控訴審判決の論理に従えば「更なる取組」に向けた決議等が行われていない以上、被告役員らの善管注意義務違反が肯定されるはずである。

それにもかかわらず結論としては被控訴人らの善管注意義務違反を否定して請求を棄却している。

控訴審判決が請求棄却という結論を導くためには、少なくとも控訴審判決が判示した「情報交換等の機会を通じて甲ＢＫと問題意識を共有して、対応方針の検討を促したり、甲ＦＧ取締役会で甲ＢＫに更なる取組を促す旨の決議をする（個々の取締役としては、取締役会においてそのような決議に向けた議論をしていく）義務」が講じられたか、講じられなかったとして損害及び因果関係についての判断が示されなければならないはずである。

しかるに控訴審判決は、自らが定立した義務が講じられたかについての判断を行うことなく、単に「控訴人らが主張するような、甲ＢＫをして、乙に甲ＦＧデータベースを用いた入口チェック体制を構築させるとともに、事後チェックの結果をモニタリングし、不断の見直しをすることでチェック体制を強化する体制を構築する義務（任務懈怠①）、乙に対して保証債務履行請求を行い、代位弁済をさせることにより反社会的勢力との取引解消をさせる義務（任意懈怠②）があったとまで認めることはできない。」との論理で請求棄却の結論を導いている。

このように控訴審判決は論理矛盾を来しているというよりほかない。

ウ．控訴審判決の内容の不可解さ

上記控訴審判決をあえて善解すれば、「原告が主張する義務違反が無い以上、弁論主義の観点からはそれ以上判断する必要が無い。」ということで請求棄却の結論を導いたとも考えられ得る。

しかし、控訴審判決が述べるところの「情報交換等の機会を通じて甲ＢＫと問題意識を共有して、対応方針の検討を促したり、甲ＦＧ取締役会で甲ＢＫに更なる取組を促す旨の決議をする」義務と原告が主張する「甲ＢＫをして、乙に甲ＦＧデータベースを用いた入口チェック体制を構築させるとともに、事後チェックの結果をモニタリングし、不断の見直しをすることでチェック体制を強化する体制を構築する」義務との間にどれほどの違いがあるのか明確ではない。いずれの義務も子会社の内部統制システムが不十分であるため、その是正を目指すという点では共通している。

原告の主張する被告役員らの義務と控訴審判決が考える義務の相違について控訴審判決がどのように考えているのかは判決文から窺い知ることはできない。

エ．控訴審裁判所がなすべきであったこと

　控訴審判決のように、裁判所が考える義務の内容と原告が考える義務の内容が相違し、それが原因で原告の請求を棄却する場合には、せめて原告に対して上記義務内容の相違等について釈明を促す義務があったと思われる（法的観点指摘義務）。

　そうしないと原告が定立する義務内容と裁判所が考える義務内容が少しでも異なった場合にはことごとく請求棄却になってしまい、当事者にとっては不意打ちにもなってしまう。加えて、このような不意打ちを避けようとして裁判所が考えそうな義務内容を全て網羅的に主張しなければならないとなると訴訟遅延にもつながりかねない。

　この控訴審判決に対して控訴人（原告）は上告及び上告受理申立を行ったが、令和４年１０月２１日にいずれも上告棄却・上告受理しないとの結論になり、原告の請求を棄却した判決が確定した。

４．結論（親会社取締役の義務）

　本訴訟において判断されたこととしては、親会社取締役には子会社に対する一般的な管理義務までは、現時点においては求められていないということである。

　反面、子会社の内部統制システムに不備があることが明らかになった場合や「更なる取組を要する状況」になった場合等具体的に不正の兆候が認められる場合には、子会社の内部統制システムその他の経営事項に積極的に関与するべきであるとの規範が示されたとも言える。仮に子会社において不正の兆候が認められる場合であってもこれを拱手傍観して漫然と子会社の経営判断を放置した場合には親会社取締役としての善管注意義務等違反が認められる場合もあり得るというべきである。

＜参考文献＞

本文中に引用したもののほか、

1．金融法務研究会報告書（１３）「金融持株会社グループにおけるコーポレートガバナンス」
2．奥山健志「子会社管理についての親会社取締役の責任」（実務に効くコーポレート・ガバナンス判例精選）（有斐閣）
3．船津浩司「グループ会社管理に関する理論的検討－アンケート調査および分析結果を見て－」（商事法務２１６７号４頁）
4．船津浩司「金融グループのガバナンス」（金融法務事情２０４７号８頁）

5．清水大輔「グループ・ガバナンス」（金融法務事情２１４０号６０頁）
6．河本光博「『金融コングロマリット監督指針』の概要」（金融法務事情１７４６号７５頁）

〈編著者紹介〉

安達　巧（あだち　たくみ）

1966 年生まれ。

県立広島大学大学院経営管理研究科（ビジネススクール）教授。

博士（経済学）、修士（法学）。

主要著書

『ディスクロージャーとアカウンタビリティー－監査人としての公認会計士の責任－』（単著）
創成社（2002 年）

『企業倫理とコーポレートガバナンス－知的資産の有効活用－』（単著）創成社（2002 年）

『ベンチャー企業のファイナンス戦略－会社法の徹底活用－』（共著）白桃書房（2007 年）。

『コーポレートガバナンスと監査と裁判所』（単著）ふくろう出版（2014 年）（日本図書館
協会選定図書）

『コンプライアンス－ハラスメント事例研究－』（共著）ふくろう出版（2018 年）

その他著書・論文多数

〈著者紹介〉

多田　貴志子（ただ　きしこ）

・1971 年広島県広島市生まれ

・広島大学付属高校卒業

・広島大学法学部卒業/同学大学院国際協力研究科(教育文化専攻)修了

・大東京火災保険株式会社入社、中四国業務部会計課に配属、3 年間勤務

・1995 年より 13 年間、学習塾の非常勤講師を勤め、小学生から高校生まで受け持つ

・2004 年株式会社千葉物流倉庫入社、取締役経理部長に就任

・2006 年代表取締役に就任

現在は県立広島大学経営管理研究科ビジネスリーダーシップ専攻に籍を置き、経営者として
の自分と向き合う日々です。

横山　典玄（よこやま　のりはる）

- ・1961 年 7 月 1 日生まれ、62 歳、広島県広島市出身
- ・広島県立広島皆実高等学校、普通科卒業
- ・中部自動車整備専門学校卒業
- ・トヨタカローラ広島(株)にて、自動車整備士として就業
- ・家業の(株)横山工業所に転職、平成 22 年、代表取締役社長に就任
  建設業で専門工事業の管工事全般、設備工事業を経営
- ・宅地建物取引士、一級管工事施工管理技士、消防設備士等資格取得
- ・令和 1 年〜令和 5 年、広島大学経済学部経済学科夜間主コース卒業
- ・令和 5 年より、県立広島大学経営管理研究科で現在、在学中

富田　智和（とみた　ともかず）

弁護士

経歴：

平成 15 年 11 月　旧司法試験合格

平成 16 年 4 月　最高裁判所司法研修所入所（第 58 期司法修習生）

平成 17 年 10 月　最高裁判所司法研修所終了

平成 17 年 10 月　弁護士登録（兵庫県弁護士会）

平成 22 年 4 月　神戸そよかぜ法律事務所設立

平精 30 年 4 月〜平成 31 年 3 月　兵庫県弁護士会副会長（任期 1 年）

事業承継と経営管理

2024 年 3 月 29 日　初版発行

編 著 者	安達　巧	
著　　者	多田　貴志子・横山　典玄	
	富田　智和	

発　　行　**ふくろう出版**

〒700-0035　岡山市北区高柳西町 1-23
友野印刷ビル
TEL：086-255-2181
FAX：086-255-6324
http://www.296.jp
e-mail：info@296.jp
振替　01310-8-95147

印刷・製本　友野印刷株式会社
ISBN978-4-86186-908-2 C3034
ⒸADACHI Takumi, TADA Kishiko,
YOKOYAMA Noriharu, TOMITA Tomokazu, 2024

定価はカバーに表示してあります。乱丁・落丁はお取り替えいたします。